科技金融网络的结构、演化及创新机制研究

杨宜 著

责任编辑：石　坚
责任校对：刘　明
责任印制：丁淮宾

图书在版编目（CIP）数据

科技金融网络的结构、演化及创新机制研究（Keji Jinrong Wangluode Jiegou、Yanhua ji Chuangxin Jizhi Yanjiu）/杨宜著．—北京：中国金融出版社，2017.5

ISBN 978-7-5049-8903-1

Ⅰ.①科… Ⅱ.①杨… Ⅲ.①科学技术—金融网络—研究—中国 Ⅳ.①F832

中国版本图书馆 CIP 数据核字（2017）第 032642 号

出版　中国金融出版社
发行
社址　北京市丰台区益泽路 2 号
市场开发部　（010）63266347，63805472，63439533（传真）
网 上 书 店　http://www.chinafph.com
　　　　　　（010）63286832，63365686（传真）
读者服务部　（010）66070833，62568380
邮编　100071
经销　新华书店
印刷　保利达印务有限公司
尺寸　169 毫米 × 239 毫米
印张　12.25
字数　180 千
版次　2017 年 5 月第 1 版
印次　2017 年 5 月第 1 次印刷
定价　46.00 元
ISBN 978-7-5049-8903-1
如出现印装错误本社负责调换　联系电话（010）63263947

前　　言

20世纪90年代以来，世界经济快速发展，技术创新成为经济增长的主要推动力。与发达国家相比，我国技术创新能力存在较大差距，2011年我国科技进步对经济增长贡献率比创新型国家大约低20%，我国政府科技拨款占GDP比重的平均水平仅维持在0.6%左右。数据显示，全国开展研发活动的大中型工业企业为12889家，占全部大中型工业企业数比重仅为28.31%，小型企业几无研发能力。全国企业研发投入占销售收入比重仅为0.74%，大中型企业才为0.93%，远低于发达国家2.5%~4%的平均水平。国家在国民经济和社会发展"十二五"规划纲要中明确提出坚持把科技进步和创新作为加快转变经济发展方式的重要支撑；党的十八大报告中也明确提出要实施创新驱动发展战略，既要坚持自主创新，更要注重协同创新，着力构建以企业为主体、市场为导向、产学研相结合的技术创新体系。于是，如何促进科技与金融的结合，构建和优化有利于技术创新的科技金融网络协同机制，对于提高中小企业技术创新水平、促进国民经济发展和建设创新型国家都具有关键性的意义。

本书来源于北京市自然科学基金项目"科技金融网络的结构、演化及创新机制研究"（编号：9142006）的研究成果。本书运用社会网络分析法构建科技金融网络，以创新融资作为科技金融网络的链接机制，以科技型企业嵌入为线索，基于大规模问卷调研，探索科技金融网络演进规律，研究科技金融网络结构、演化及创新机制，研究科技金融创新网络与创新绩效的关系，构建我国科技金融网络协同创新理论的分析框架。本书的研究成果将丰富我国科技金融协同创新和创新绩效理论，为政府构建多层次、多元化的科技金融网络协同创新平台提出对策建议，具有重要的理论与实践价值。

  本书第 1 章由杨宜撰写，第 2 章由李雅宁撰写，第 3 章由马丽仪撰写，第 4 章由徐鲲撰写，第 5 章由肖文东撰写，第 6 章由赵睿撰写，第 7 章由严鸿雁撰写，第 8 章由张峰撰写。

  本书既可以为政府相关部门提供决策参考，也可以为相关的企事业单位、学者及 IT 服务外包从业人员提供理论和实践参考。

  由于作者水平有限，本书的错误和遗漏在所难免，还请各位学者、专家和读者指正。

目 录

1 绪 论　1

1.1 研究目的和意义　3
1.2 国内外研究现状　5
  1.2.1 科技金融研究　5
  1.2.2 网络组织协同创新研究　7
  1.2.3 演化博弈论及其在协同创新领域的应用研究　9
  1.2.4 创新绩效研究　9
1.3 研究内容　13

2 典型科技金融网络模式研究　15

2.1 美国科技金融网络模式研究　17
  2.1.1 设立专门的政策性金融机构　17
  2.1.2 完善的信用担保体系　18

    2.1.3 多元化的金融中介机构　20
    2.1.4 发达的资本市场体系　20
    2.1.5 领先的风险投资市场　23
2.2 日本科技金融网络模式研究　25
    2.2.1 完善的法律制度　25
    2.2.2 稳定的政策性金融机构　26
    2.2.3 健全的商业银行体系　27
    2.2.4 独特的信用补全制度　29
    2.2.5 健康有序的资本市场　30
    2.2.6 成熟的风险投资市场　31
2.3 印度科技金融网络模式研究　33
    2.3.1 规范的科技金融法律法规　33
    2.3.2 强有力的政策性支持　34
    2.3.3 高覆盖面的银行体系　34
    2.3.4 多层次的资本市场　36
    2.3.5 独特的创业风险投资　37

3 基于科技金融网络的高技术企业成长机制研究　41

3.1 引言　43
3.2 科技金融网络的结构及特征　44
    3.2.1 科技金融网络的结构　44
    3.2.2 科技金融网络的特征　45
3.3 企业成长机制研究　45
    3.3.1 外生成长机制　46
    3.3.2 内生成长机制　46
    3.3.3 网络化成长机制　46
3.4 科技金融网络对高技术企业成长的作用机理　47
    3.4.1 企业创新融资机制　47

3.4.2 技术创新机制 47

3.4.3 信息传递机制 48

3.5 实证分析 48

3.5.1 研究假设 48

3.5.2 数据来源及指标选取 49

3.5.3 各变量描述性统计及相关系数检验 50

3.5.4 实证分析结果 51

3.6 结论 54

4 科技金融主体演化博弈研究 57

4.1 科技金融主体间演化博弈模型的构建 59

4.1.1 演化博弈主体构成 59

4.1.2 演化博弈模型假设 59

4.1.3 主体演化博弈模型的构建 60

4.2 科技金融主体间演化博弈均衡分析 63

4.2.1 演化博弈的均衡分析 63

4.2.2 影响因素分析 69

4.3 针对主体间合作的监督与惩罚机制博弈分析 71

4.3.1 增加奖惩机制博弈分析 71

4.3.2 奖惩机制博弈结果 73

4.4 演化博弈研究下的结果与建议 74

5 科技金融网络内知识转移与治理机制 77

5.1 社会网络视角的知识转移与企业创新 79

5.1.1 知识与知识转移 80

5.1.2 知识转移与技术创业 83

5.1.3 知识转移与企业创新网络 85

5.2 科技金融网络关系要素对知识转移与吸收的影响　89
　5.2.1 网络关系要素与信息搜寻　89
　5.2.2 网络结构元素与信息搜寻　90
　5.2.3 社会资本与知识转移　91
5.3 知识与科技金融网络治理机制　92
　5.3.1 科技金融网络内信任的建立与传递　92
　5.3.2 知识与信任嵌入金融交易　94
　5.3.3 科技金融网络内监督机制的建立　95

6 科技金融创新研究——以中关村科技园区为例　99

6.1 科技金融创新的理论框架　101
　6.1.1 科技金融的概念和特点　101
　6.1.2 科技金融的构成体系　102
　6.1.3 科技金融创新的主要模式　105
6.2 中关村科技园区的科技金融创新分析　106
　6.2.1 科技投资　107
　6.2.2 科技贷款　110
　6.2.3 债券融资　115
　6.2.4 科技股权融资　117
6.3 中关村科技金融创新的发展趋势　120
　6.3.1 信用融资模式仍为未来主流　120
　6.3.2 天使投资追赶硅谷步伐　121
　6.3.3 资本市场多层次全面发展　122
　6.3.4 互联网金融快速崛起　122

7 基于DEA方法的科技金融网络创新绩效评价　123

7.1 科技金融网络创新绩效评价研究综述　126

7.1.1 创新绩效评价研究综述 126

7.1.2 协同创新网络绩效研究综述 128

7.1.3 研究方法概述 129

7.2 科技金融网络的创新绩效评价体系研究以及指标选取 130

7.2.1 科技金融网络的创新绩效评价体系研究 130

7.2.2 科技金融网络的创新绩效评价指标选取 131

7.3 科技金融网络数据收集及创新绩效评价 132

7.3.1 省份评价指标数据收集 132

7.3.2 DEA 结果分析 133

7.3.3 Malmquist 指数分析 143

7.3.4 小结 146

8 提升科技金融网络创新绩效的对策建议 147

8.1 科技金融网络要素间的全面协同对创新绩效的影响 149

8.1.1 社会网络关系影响企业创新绩效 149

8.1.2 科技金融网络主体素质提升对创新绩效的作用最为突出 150

8.1.3 知识的转移、扩散、转化与应用对科技创新绩效具有显著作用 150

8.1.4 科技金融网络的软硬件环境对科技创新绩效的影响比较复杂 151

8.1.5 科技金融网络要素的全面协同对科技创新绩效产生正向积极影响 152

8.2 完善科技金融网络架构的措施 153

8.2.1 企业在提升自主创新能力的同时要加强与网络其他主体的联系 153

8.2.2 培育和提升企业网络能力对提高创新绩效至关重要 154

8.2.3 构建科技创新与科技金融协同发展机制与结构模型 155

8.2.4 构建和完善科技金融公共服务平台 156

8.2.5 进一步优化科技创新支撑环境建设　157
 8.2.6 加强高素质人才引进和培养力度　158
8.3 提高科技金融网络创新绩效的对策建议　159
 8.3.1 增大科技成果的转化能力　159
 8.3.2 完善管理体制以提高效率　160
 8.3.3 适当增加科技金融的投入强度　160
 8.3.4 大力促进我国技术进步的发展　160

附　录　162

参考文献　170

1
绪 论

从广义上讲,科技金融是促进科技开发、成果转化和高新技术产业发展的一系列金融工具、金融制度、金融政策与金融服务的系统性、创新性安排(赵昌文,2009)。我国的科技金融实践活动是从 20 世纪 80 年代出现,以首批科技贷款的发放为代表,而科技金融的提法在 20 世纪 90 年代才得以表述。由于出现时间还比较短,因此,关于科技金融的理论研究和实践仍处于起步阶段。Strogatz(2001)指出,网络更多的是一种思考问题的方式,可以更好地理解不同主体之间或者复杂系统之间的相互作用。科技金融网络就是社会网络分析方法对科技金融系统进行研究的一个新范畴,是一个包括高新技术企业、银行等金融机构、评估担保等中介机构、资本市场、政府主管部门及科技园区等单位在内的复杂系统。同类主体的集合构成科技金融系统中的一个个子系统,同时,各个主体共同组成了一张巨大的科技金融网络。科技金融网络具备网络结构的诸多特征,而且各子系统之间通过非线性作用产生协同效应,使科技金融网络形成了有特定功能的自组织结构。本书正是将科技金融网络作为研究对象,运用演化博弈的方法研究科技金融网络的协同创新机制和决策优化模型,促进科技金融快速健康发展。

本书以复杂网络和协同理论为基础,深入、系统地研究科技金融网络的结构、演化与协同创新机制,为国家制定和完善科技金融政策提供决策参考,本书具有较强的理论和现实意义。

1.1 研究目的和意义

本书的研究目的是从演化博弈的视角,以社会网络分析和协同理论为基础,以科技型企业嵌入为线索,通过对科技金融网络的结构、网络特征、影响因素以及科技型企业成长机理等基本问题的研究,系统揭示科技金融网络促进科技型企业技术创新的协同演化规律,构建科技金融网络协同创新分析框架。为政府构建科技金融网络协同创新体系、促进科技企业顺利实现技术创新、金融机构有效进行金融创新提供对策思路,为国家制定和完善科技金融政策提供决策参考，具有较强的理论和现实意义。具体而言，研究意义如下：

（1）有助于更全面地了解科技金融网络结构及其演化机制

科技金融网络是科技系统与金融系统的结合，具备复杂巨系统和复杂网络等诸多特征，构成要素众多，相互关系复杂，网络结构与演化机制尚待探究，科技金融网络本身的复杂性阻碍了其在理论研究和实践探索的进程。本书基于大样本问卷调研，在梳理科技金融系统构成要素和主体关系的基础上，绘制典型科技园区的科技金融网络结构图，通过深入研究科技金融网络的网络要素，识别科技金融网络的影响因素，刻画企业生命周期视角下的科技金融网络演进规律。通过进行科技金融网络内节点的合作博弈分析，刻画科技金融网络的形成演化机制。这些研究工作和成果可以帮助我们更深入、系统地了解科技金融网络的结构及其演化机制。

（2）丰富和拓展了协同创新理论

关于科技金融方面的研究主要集中在国内，但是，由于研究时间短，系统化的研究成果少，尤其是专门针对科技金融网络演化与协同创新方面的研究更不多见。我们认为，在科技金融网络的形成演化过程中，伴随着网络内节点企业的技术创新扩散、金融创新扩散和知识传递，这些都影响着企业的成长，因此本书通过研究科技金融网络的运行机制，再通过实证研究进行验证，进而研究科技金融网络的协同创新及绩效优化影响机制，在一定程度上丰富和拓展了协同创新理论。

（3）为科技金融网络主体加强合作、协调发展提供有效路径

对于构成科技金融网络的各个主体而言，虽然相互之间每天都在发生着或多或少的联系，业务在开展，创新在出现，但是，如果不了解整个科技金融网络的结构和内在的演化规律，没有一张宏观、清晰的网络结构关系图，各个主体的行为都可能是自发的、随波逐流的，甚至是盲目的。本书通过深刻揭示科技金融网络结构的内在关系及其演化机制，可以让科技金融网络中的各个主体对整个网络结构、自己在网络中的位置以及与其他主体的关系形成清晰的认识；并且，通过借鉴本书研究得出的科技金融网络协同创新与绩效优化机制，明确合作对象和协同创新策略，在个体良好

发展的同时，促进科技金融网络的协调发展。

（4）为政府相关部门制定科技金融创新的政策提供重要借鉴

国家科技进步依赖于技术创新，中国经济的长期健康发展要求把科技进步和创新作为加快转变经济发展方式的重要支撑，而目标的实现除了需要高科技企业积极创新之外，还需要政府相关部门和金融机构给予大力、有效的政策支持。本书得出的科技金融网络协同创新与绩效优化模型，除了为创新企业提供帮助之外，还可以为网络中的政府及金融机构制定有效的促进技术创新的政策提供参考和借鉴。

1.2　国内外研究现状

1.2.1　科技金融研究

（1）金融对技术创新的贡献及科技金融的内涵研究

国外学者关于金融对科技创新的论述，首见于西方经济学家 Schumpeter（1912）的信用创造论，他在《经济发展理论》一书中强调功能齐全的银行可以通过识别和支持那些能够成功运用新产品和生产过程的企业家来促进技术创新。Saint–Paul（1992）提出金融发展通过允许经济主体使用风险较大但生产率水平较高的技术，推动了技术进步。King、Levine（1993）等以 Schumpeter 为基础，提出金融系统通过选择最有前景的企业和项目、增加信贷资金、提供分散风险工具和披露预期利润等方式，促进技术创新。佩蕾丝（2002）强调了金融资本对于重大科技创新的发生和扩散的重要意义。Chou 和 Chin（2006）认为金融产品的创新有助于技术创新的加速推进。Gustav Martinsson（2010）选取欧洲大陆和英国的高技术企业为样本，建立动态回归模型进行实证分析，研究结果表明，在支持研发创新上，市场主导的金融体系更优。

国内对于科技金融，赵昌文等（2009）作出一个较为全面的定义：

科技金融是促进科技开发、成果转化和高新技术产业发展的一系列金融工具、金融制度、金融政策与金融服务的系统性、创新性安排，是由为科学和技术创新活动提供金融资源的政府、企业、市场、社会中介机构等各种主体及其在科技创新融资过程中的行为活动共同组成的一个体系，是国家科技创新体系和金融体系的重要组成部分。卢金贵、陈振权（2010）有相似的看法，同时认为政府是科技金融体系中特殊的参与主体，是科技金融市场的引导者和调控者。房汉庭（2010）指出，科技金融是科技创新活动与金融创新活动的深度结合，是由科技创新活动引发的一系列金融创新行为。肖龙沧（2011）探讨了科技金融的本质，认为科技金融是一种创新活动，是科学技术资本化的过程，是一种金融资本有机构成提高的过程制度化的活动。童藤（2013）以"耦合"的视角研究金融创新与科技创新之间的复杂动态关系，基于主成分分析法构建了我国金融创新与科技创新发展的指标体系，初步构建了金融创新与科技创新耦合的局部发展模式，并提出了金融创新与科技创新耦合的对策建议。

（2）科技金融的机制与体系研究

在推动科学技术不断发展与进步的诸多因素中，资金以及与之相配套的金融服务扮演了不可替代的角色，就如何构建有效支撑和促进科技金融互动发展的机制与体系这一问题，学者的研究内容包括：①对科技金融体制机制的研究。张育明（2001），杨刚、陈辉（2002）等从利益机制、竞争机制、市场机制的角度出发，对科技与金融结合的机制与模式进行了研究。蒋华（2013）从体制创新、机制创新、组织机构创新和金融工具创新等角度探究科技金融创新发展的结构建设，多角度地提出科技金融创新发展思路。②对科技金融体系的研究。杨刚（2005），王伶俐（2006），黄国平、孔欣欣（2009），肖泽磊、韩顺法、易志高（2011）等探讨了科技金融的支撑体系和科技金融创新体系的构成要素。

（3）科技金融的路径与模式研究

有关科技与金融结合的最佳路径问题学术界仍没有统一的认识，为了探求科技金融的结合发展模式，不少学者做了大量工作。宋彧、莫宇宏（2005），丁涛、胡汉辉（2009），杨勇（2011）等以世界各国对科技创新金融支持的比较研究，提出科技与金融的结合模式和路径选择建议。李颖（2011）从构建初端、中端和高端三个层次研究了科技产业与金融结合的路径。福建银监局课题组（2013）在借鉴国内外"硅谷银行模式"实践经验的基础上，提出了构建"一个平台、五项机制、八条通道"的科技金融服务体系的设想。苑泽明、马涛（2013）提出建立"以市场为主体，以培育名牌企业为目标，政府引导、扶持的种子期、创业期、成长期、壮大期的金融服务创新模式"。

（4）科技金融的效益与风险研究

科技与金融的相互结合和相互作用促进并带动了相关产业的发展，也为经济的发展带来了风险，相关学者针对科技金融的效益与风险也进行了有益的探讨，他们是王海、叶元煦（2003），田霖（2005），崔毅（2010），刘璐、金素（2011）等。

综观前期研究，明确提出并研究"科技金融网络"的文献不多，只有毛道维等（2012）构建了一个"科技—金融"网络理论框架来研究科技创新扩散路径与政府作用，并检验政府信用嵌入金融交易结构的效果。此外，鲜有学者深入、系统地研究科技金融网络的结构及其互动演化机制和协同创新机制等问题。

1.2.2 网络组织协同创新研究

1971年哈肯提出协同的概念和理论后，关于协同学的研究开始逐步渗透到物理学、化学、生物学、天文学、经济学、社会学以及管理学等诸多领域。协同创新是协同学的思想应用于技术创新领域的结果，综观已有文献，有关协同创新的研究遵循这样一条演化路径：从20世纪70年代协同理论的创建和完善，经历20世纪80年代末协同学和创新理念的融合，到20世纪90年代末微观企业层面协同创新的兴起，逐步延伸到宏观层面区域或集群网络的协同创新。

（1）协同创新系统研究。随着系统学的逐渐深入，Ansoff（1965）成功地将协同的观点引入管理学，他在《公司战略》一书中将其定义为"使企业的整体效益大于各单独组成部分总和的效应"，并将协同分为销售协同、运营协同、投资协同和管理协同。Rumelt（1974）对多元化与协同程度之间关系进行检验的同时，提出将协同分为运营协同、管理协同与财务协同。随着协同理论的盛行，我国一些学者从哲学、社会学、经济学和管理学等角度对协同创新系统进行了一系列的探讨。彭纪生（2000）通过综合运用多学科理论视角和方法，对技术协同创新的内涵、不同层面的协同框架和协同度进行了系统的界定，并探讨了创新系统中各要素间交互作用的内在机制，由此开创了技术协同创新系统研究的先河。李兆友（2000）基于哲学视角提出技术创新主体间协同的五个层面。陈劲、王方瑞（2005），许庆瑞、朱凌、王方瑞等（2006）着重研究了企业技术、市场和制度的协同创新。许庆瑞、毛凯军（2003）分析创新集群内龙头企业的网络协同作用。陈晓红、解海涛（2006）构建了基于"四主体动态模型"的中小企业协同创新体系。涂成林（2007）、蒋兴华等（2008）认为创新协同体系构建更重要的是要素之间的协同互动关系。

（2）基于"价值链"的协同效应研究。Porter（1985）通过"价值链"方法研究了业务单元之间的关联，为准确识别组织内的协同机会奠定了基础。Ensign（1998）认为在多元化的企业中，业务上的相关性能促进协同的发展，并且可以得到整体的竞争优势。Kim等（2006）将在价值链上进行合作的业务伙伴所形成的虚拟企业作为分析对象，构建一个系统性的模块式框架，通过发挥各自优势产生整合式的协同效应。

（3）基于网络组织的协同创新研究。关于网络组织的协同创新是协同创新的另一大分支领域。自20世纪90年代以来，产学研联盟等形式的兴起引起了技术创新领域学者的注意，网络组织的协同创新也逐渐成为一个研究重点。目前对网络组织的协同研究主要在于网络组织的组建形式（王雪原、王宏起和刘丽萍，2005）、企业资源协同（韩伯棠等，2003）、企业合作创新动机（周杯乐，2009）等。全利平、蒋晓阳（2011）提出了创新协同路径选择的畅想，认为协同创新网络组织实现创新协同需经历管理协同、组织协同和战略协同三阶段的发展过程，经历由松散的网络组织到密切合作的创新组织，再到全面协同的创新组织的功能演变。徐玉莲、王玉冬（2013）分析了区域科技创新与科技金融系统协同发展的驱动力，构建了区域科技创新与科技金融系统协同发展的系统动力学模型，揭示了系统协同发展的运行机理，并由此建立区域科技创新与科技金融系统协同发展管理模型，进而提出实现系统协同发展策略。

1.2.3 演化博弈论及其在协同创新领域的应用研究

Nash（1950）演化博弈论认为在一定规模的博弈群体中，博弈方进行着反复的博弈活动，其研究对象是一个"种群"，注重分析整个种群的协同效应，而不是单个行为的个体效应。在演化博弈论中，其核心概念是"演化稳定策略"（Evolutionary Stable Strategy，ESS）和"复制动态"。Weibull（1998）发现在博弈过程中，构成博弈双方创新收益函数的某些参数的初始值及其变化将导致演化系统向不同的均衡点收敛。Jack Hirshleifer（2000）认为，协同企业通过合作达到协同共赢的行为符合博弈理论对多重合作博弈的解释，它区别于一次性随机博弈的关键是引入了理性预期。Hamel（1991）认为企业之间的"竞合"已成为一种普遍趋势，在合作竞争的基础上形成了一种新的创新方式——"协同创新"。Rajiv Sethi（2003）用演化博弈理论研究了在长期交往和短期交往两种情况下机会主义行为和互惠主义行为的演化。

国内也有学者运用演化博弈理论研究协同创新问题。解学梅和曾赛星（2009）基于协同学视角和演化博弈理论，分析了都市圈技术创新主体协同的演化过程和内在机制。施建军等（2009）运用博弈理论方法构建基于创新网络的企业研发合作博弈模型，根据博弈均衡解导出企业进行合作研发的条件，并在此基础上提出促进合作研发的策略。李一军（2010）运用演化博弈理论的方法，分析价值网络模式下企业的协同竞争机制，构建企业主体间协同竞争的演化博弈模型。卢珊和赵黎明（2011）将协同学的思想运用到演化博弈模型中，对企业与创投协同行为的演化过程及影响因素进行了分析。

1.2.4 创新绩效研究

所谓创新绩效一般是指对企业技术创新活动效果和效率的评价。长期以来，创新绩效一直是管理学和应用经济学等领域所关注的主要议题，在国外的文献中，常用两个术语描述企业的技术创新结果，一个是"Innovative Performance"（Gemtinden，1996；Hagedoom 和 Cloodt，2003 等）；另一个是"Innovation Success"（Gemtinden 等，1996；Ritte 等，2003 等）。国内的文献则多采用"创新绩效"作为评价企业技术创新活动的术语。目前国内外对创新绩效的研究主要分为以下几个方面：

（1）协同网络组织与创新绩效的关系

①一些研究指出，协同网络组织对企业创新绩效有着显著的正效应（王霄宁和王轶，2005；Nieto 和 Santamara，2007；池仁勇，2007；姚小涛，2008 等）。李正卫、池仁勇和刘慧（2005）的实证分析结果表明，无论正式还是非正式的网络学习强度均对集群内企业创新绩效具有显著的积极作用。王霄宁、王轶（2005）研究发现，网络密度和中心性对创新有显著正面影响。解学梅、左蕾蕾（2013）进一步探讨了知识吸收能力对企业协同创新网络特征与创新绩效的中介效应。研究结果表明：知识吸收能力与企业创新绩效之间呈正相关关系；协同创新网络特征的三个维度（网络规模、网络同质性、网络强度）均与企业创新绩效之间呈正相关关系；知识吸收能力在协同创新网络特征与企业创新绩效之间存在着部分中介效应。

②一些研究却表明，协同网络组织对企业创新绩效没有明显促进作用（Larsson 和 Malmberg，1999），甚至可能给整体绩效带来负面效应。Grabher（1993）通过对德国鲁尔地区钢铁业集群的研究，探讨了基于网络的路径依赖性导致的产业集群的三种锁定效应：功能性锁定、认知性锁定和政治性锁定。蔡宁等（2006）认为相互依赖的网络在集群形成阶段是力量的源泉，但由于环境动荡可能使产业集群僵化，失去弹性的源泉，集群中的企业与非集群中的竞争对手相比，对外界动荡的反应能力变得迟缓。王发明（2006）分析了 128 公路科技产业集群的衰退，得出结论：聚集程度高，联结稠密的网络结构，有利于培养成员之间的信任，克服网络内"搭便车"行为的产生，但同时也使网络的开放性及弹性降低，网络变得僵化，最终可能导致衰败。

③还有研究表明了协同网络组织可能给企业创新绩效带来非线性影响（Knoben，2009；Duysters，2011等）。Berchicci（2013）研究了研发配置对企业创新绩效和企业的研发能力的调节作用。结果表明，在一定程度上，依赖于外部 R&D 活动的企业有更好的创新绩效。超过这个阈值时，外部 R&D 活动会减少企业的创新绩效。解学梅（2010）探讨了不同的协同创新网络和企业创新绩效的关系。研究结果表明：不同的协同创新网络对企业创新绩效的影响程度存在显著差异，其中企业—企业协同创新网络对提升企业创新绩效的效应最为显著。同顾客、供应企业的垂直协同相比，水平协同对企业创新绩效的推动作用更为显著。

（2）创新绩效评价指标

相关研究领域中并没有专门针对创新绩效的测量使用统一公认的指标体系。Hagedoom 和 Cloodt（2003）等在综合部分学者 Dosi（1988）、Devinney（1993）、Archibugi（1992）等关于"创新绩效"的测度研究的基础上，采用 R&D 投入额、申请的专利数、引用的专利数和新产品开发数 4 项指标，并对美国 4 个高技术产业中约 1200 个样本企业的创新绩效进行了测度。与之类似，国内部分学者（马宁和官建成，2000；张方华，2004；韦影，2005；秘登科，2012 等）从创新效益和创新效率两个方面对创新绩效进行了测度，指标一般包括：新产品数的情况、申请的专利数情况、新产品产值占销售总额的比重情况、新产品的开发速度情况、创新产品的成功率情况。Gemtinden 等（1996）则以"创新成功"术语代替"创新绩效"术语描述创新的结果，其中并不包括 R&D 投入额、申请专利数等具体指标，而是扩大了创新的范围，内容上包括产品创新成功（Product Innovation Success）和工艺创新成功（Process Innovation Success）两个方面。由于现实中某些创新性很强的企业，其创新成果不止单纯地体现为产品和工艺上（Nonaka 和 Keuchi，1995）。Mumford（2000）认为应该对创新过程而不是结果作出评价，可以通过建立创新过程模型系统地考虑所有可能影响创新绩效的因素。有两个著名的以过程为基础的创新评价模型：一个是英国国家经济发展办公室制定的"创新管理工具箱"（Innovation Management Toolkit）；另一个是由伦敦商学院 Chiesa 主持设计的

"基于创新过程的创新审计框架"（Process – based Innovation Auditing Framework）。H. Driva（2000）等总结了企业最常用的衡量研发绩效指标中应用最多的 64 个指标，包括总体项目成本，项目获利性分析，产品交付成本等。高建（2004），陈劲和陈钰芬（2006）也指出完整的技术创新绩效评价应包括创新产出绩效和创新过程绩效两部分。许世英（2005）以中国企业为样本进行调研，分别从企业管理创新和技术创新两个方面对企业的创新绩效进行测量。吴晓冰（2009）对企业创新绩效的测量采用多维度的测量指标体系，包括企业产品创新、企业流程创新、企业组织创新、企业战略创新。张晓芳、戴永务、刘燕娜（2010）将技术创新细分为技术创新研发阶段、技术创新管理阶段、技术创新商业阶段三个方面，相应地设计各个阶段的指标体系。王宗军等（2013）从经济效益、技术效益、创新基础和创新投入四个方面，建立了企业技术创新绩效评价指标体系。李林、袭勇（2013）从协同创新合作伙伴配合度、协同创新能力和协同创新机制三个方面出发，建立了一套攻关项目的协同创新绩效评价指标体系。

（3）创新绩效评价方法

目前学术界评价创新系统绩效有两大类，分别是客观评价法和主观评价法。

客观评价法包括参数法和非参数法。参数分析法主要是用来测算多种投入而只有一种产出的系统的相对效率，该方法的优点是通过产出函数的估计，通过对部分投入变量的控制，使系统效率得到比较准确的核算。比较常见的方法主要有以下三种：①计量方法。②柯布—道格拉斯生产函数法。③因子分析方法。非参数法是由学者 Farrell（1957）提出，主要是构建生产前沿来计算生产的效率。后来的学者在 Farrell 的理论基础上成功地提出了数据包络分析法（DEA），该方法被广泛应用测量创新系统绩效（Marla，2000；刘顺忠和官建成，2002；匡爱民，2010；胡凯，2012；毛才盛，2013 等）。

主观评价法主要有专家评判法、层次分析法、灰色关联分析法和模糊综合评价法等。这些方法的共同点是主观上要为每一个指标人打分，这也是主观评价法的核心。

目前国内外有关金融对科技创新的支持体系研究较多，但未见科技金融网络协同创新及创新绩效方面的文献报道。在研究思路上，尚没有建立起科技金融网络的理论体系，对结构模式、演化路径、协同创新、科技金融网络与企业创新绩效关系方面的研究等基本问题没有形成共识，甚至缺乏权威的观点。在研究手段上，以静态的典型案例研究为主，忽视了对以企业为焦点的科技金融网络形成过程的动态性的刻画，无法刻画科技金融网络协同创新的动态轨迹，也制约了相关研究的深化和拓展。因此，采用更加科学合理的方法和理论框架，对研究科技金融网络协同创新机制，具有重要的理论意义和现实指导价值。

1.3 研究内容

本书在总结国内外研究现状的基础上，从演化博弈的视角，以社会网络分析和协同理论为基础，以科技型企业嵌入为线索，对科技金融的结构、演化及创新机制进行了全面研究。

第1章是绪论。首先，介绍本书研究的背景、目的和意义，其次，阐述国内外相关研究现状，分析其中存在的主要问题，最后介绍本书的主要研究内容和研究方法。

第2章以美国、日本和印度为例分析了典型科技金融网络模式，分析了各国在鼓励和支持中小企业的科技创新方面设立的相关科技金融政策和体系。

第3章研究了科技金融网络的结构特征和对高技术企业成长的作用机理。以20家在深圳证券交易所创业板上市的不同规模的高技术企业的相关数据，验证了企业融资规模的大小对高技术企业的成长有正的促进作用，企业对技术创新的投入正向促进高技术企业的成长。

第4章研究了科技金融主体演化博弈关系。构建了科技金融主体间演化博弈模型，针对主体间合作的监督与惩罚机制博弈进行了分析，提出演化博弈研究下的结果与建议。

第 5 章从知识转移与企业创新、科技金融网络关系要素对知识转移与吸收的影响、知识与科技金融网络治理机制几方面研究了科技金融网络内知识转移与治理机制。

第 6 章研究了科技金融创新的框架，包括科技金融的概念、特点、体系、创新模式等，从投资、担保、融资、贷款、租赁、典当、知识产权运营和互联网金融八方面对中关村科技金融体系进行研究，分析当前中关村科技金融创新的现状，并对中关村科技金融创新的发展趋势进行了展望。

第 7 章首先对科技金融网络绩效评价进行了相关的理论解释，在收集多方资料的基础上，对科技金融以及科技金融网络的内涵进行总结。其次，整合可收集到的相关数据，选取评价的投入产出指标，之后用 DEA 方法对 2011～2013 年的数据进行横向分析，再用 Malmquist 模型对其科技金融进行纵向分析，最后得出相关结论，并对我国的科技金融网络提出相关建议。

第 8 章研究了科技金融网络要素间的全面协同对创新绩效的影响，分析了完善科技金融网络架构的措施，提出了提高科技金融网络创新绩效的对策建议。

2
典型科技金融网络模式研究

2.1 美国科技金融网络模式研究

美国是当今世界的头号科技强国,其强大科技实力的取得是与完善的以资本市场为主的金融支持体系分不开的。作为一个最为典型的市场经济国家,美国一直将市场作为经济有效竞争和资源优化配置的主要手段,拥有世界上最发达的资本市场和风险投资市场,形成了以科技产业、风险投资和资本市场相互联动的一整套发现和筛选机制。此外,为鼓励和支持中小企业的科技创新,美国还建立了专门的政策性金融机构和完善的信用担保体系。

2.1.1 设立专门的政策性金融机构

中小企业对美国科技创新的贡献巨大,从数量上来看,美国科技创新有一半以上来自中小企业。20世纪80年代美国科学基金会数据显示,小企业1美元的研究经费所创造的工业革新数目约为大公司的2倍,也就是说小企业科技创新成功率较大企业要高得多。这些成绩的取得很大程度上归因于美国成立了为小企业服务的专门政策性融资机构——小企业管理局(Small Business Administration,SBA)。

小企业管理局于1953年根据《小企业法》成立,是一个独立的政府机构,下设的10个区域办公室,69个地区办公室,17个分支办公室等96个服务点遍布美国,为全国小企业提供高效服务。小企业管理局的职能包括:为小企业直接提供风险资金和担保帮助小企业获得商业银行贷款、协助获得联邦部门的研发项目与合同、提供咨询与管理培训服务等。小企业管理局的存在大大提高了美国各类科技创新型小企业的成功概率,在客观上起到了激励全社会进行技术创新的作用。此外,对于投入小企业的各种资金,小企业管理局并不刻意追求高额回报,重在发挥有限资金的杠杆作用,激励私人资本的加盟。小企业管理局为中小企业直接提供的涉及资金的服务项目主要有担保贷款、小企业投资公司计划（SBIC）、小企业创新研究计划（SBIR）和小企业技术转移计划（STTR），其中以小企业创新研究计划和小企业技术转移计划对促进美国小企业的技术创新最为成功。

（1）小企业创新研究计划。此计划设立于1982年，是美国政府专门为小企业技术创新制订的一个直接财政援助计划。该计划要求美国国防、卫生、能源、航空、农业、商务、教育、环保、交通等10个部门拿出美国联邦政府研究开发预算的2.5%来支持小企业的技术开发活动。作为美国政府支持小企业技术创新最重要的计划之一，SBIR在促进小企业的技术创新上取得了突出的成绩。尽管SBIR鼓励商业化导向的研究，但并没有通过制度来规定研究机构扮演的角色和参与的深度，因而该计划可被认为主要是"政府—企业"的二元合作，而研究机构的参与程度仅由各项目独立决定。研究者在SBIR中主要是维持其在研究机构的工作，参与计划的程度非常有限。这样，很多有潜力的商业化应用项目往往沉寂在研究机构中不见天日。

（2）小企业技术转移计划。为促使企业与研究机构进行直接的合作，加快科研机构科技创新成果的市场化、产业化，推动高科技经济的发展，1992年美国国会通过《加强小型企业研究与发展法》，并依照该法设立了STTR。该计划由美国小企业管理局负责协调和组织，1994年开始运作，当年资助金额为2000万美元，参与小企业206个，小企业与研究机构合作承担的项目有198个。1995年、1996年资助金额分别为3500万美元和5500万美元，2000年后每年在6000万美元和7000万美元左右。相对其他计划和基金，STTR的主要特点是：重视高校和研究机构在知识经济中的关键作用；重视小企业的技术需求；STTR三方互动平台（政府—企业—科研机构）；政府扮演服务者的角色，提供资金和政策作为创新平台。

2.1.2　完善的信用担保体系

美国中小企业的融资和科技创新离不开其完善的信用担保体系，信用担保体系的主要特点体现在以下几个方面：

（1）设立中小企业信用担保职能机构。1953年，美国成立了专门执行中小企业信用担保职能的机构——美国小企业管理局（SBA）。通过小企业管理局对创办之初的小企业或现有小企业提供贷款担保，有效地引导了商业性金融对中小企业进行贷款融资。

（2）健全的中小企业信用担保法律法规。美国的《中小企业法》对信贷担保的对象、用途、担保金额和保费标准等都有明确的规定。如对担保企业资格就作出如下规定：只有符合中小企业标准的企业才能获得担保，要求企业主动投入一定比例资本金，借款企业有足够的流动资金保证企业正常营运等。

（3）完善的多层次、全方位、覆盖面广的信用担保体系。美国已形成了三个层次的中小企业信用担保体系，为全国范围内的中小企业贷款提供不同性质、不同类型的担保。一是全国性的中小企业信用担保体系。该体系由美国小企业管理局直接操作。对于一般担保贷款而言，小企业管理局对75万美元以下的贷款提供总贷款额75%的担保，对10万美元的贷款提供80%的担保，贷款偿还期最长可达25年。对于少数民族和妇女所办中小企业的贷款担保，小企业管理局对它们可提供25万美元以下的90%额度比重的担保；对于中小企业急需的少数"快速"贷款提供50%额度比重的担保；对于出口及国际贸易企业的贷款担保，做法与一般担保基本相同。二是区域性的专业担保体系。由地方政府操作，因各州情况不同而各有特色。三是社区性小企业担保体系。

（4）政府财政注资担保基金。美国小企业管理局的基金来源主要由联邦和州财政分担。此外，小企业管理局的经费也由联邦和州财政分担，小企业管理局委托大学和研究机构所做课题的经费也由政府承担。

（5）灵活的运作机制和多样化的服务满足了中小企业的不同需求。美国中小企业担保体系通过不断创新担保方式和担保种类，如"长期贷款担保"、"简化手续贷款担保"、"CAPLines贷款担保"（为季节性贷款、合同类贷款等短期流动资金提供担保）、"Fastrak贷款担保"（对私营贷款机构给小企业的每笔10万美元以内的贷款，提供50%的担保）及"微型贷款担保"等，提高了金融机构向中小企业提供金融服务的意愿，保证了中小企业有充足的资金来源。此外，美国中小企业担保体系还为中小企业提供诸如小企业规划、账目管理、现金流量分析、贷款以及制定预算等咨询服务。

（6）完整的分散和规避风险机制。美国信用担保体系经过几十年的发展形成了一套较为完善的规避和分散风险机制，其主要做法：一是通过规定担保比例分散风险。担保机构不是进行全额担保，而是根据贷款规模和期限进行一定比例的担保，在担保机构和银行之间分散风险。二是对企业实行风险约束。美国的信贷保证计划要求主要股东和经理人员提供个人财产抵押，以增加业主和管理者的责任。三是制度透明，规范管理。美国小企业管理局每年都要向国会提交有关中小企业信贷担保计划执行情况的报告。国会举行听证会，审查计划预算和计划执行情况。四是规范的担保业务操作过程。一个信用担保项目需要经过受理担保申请、项目评审、担保收费谈判、签订合同四个过程的审查，这样就使风险性大大地降低了。

2.1.3 多元化的金融中介机构

美国主要有银行类和非银行类金融机构，其中商业银行以中小商业银行为主。美国拥有商业银行7000家左右，其中总资产超过500亿美元的大型商业银行有几十家，总资产少于5亿美元的中小型商业银行超过6000家，中小商业银行成为了支持中小企业贷款的主体银行（李颖，2011）。非银行类金融机构也为中小企业的科技创新提供了有力支持，这种银行类与非银行类金融机构共同竞争、共同发挥中介作用，各金融机构之间相互补充，结构合理，形成了以中小商业银行为主，多种非银行类金融机构共同发展的多元化金融机构格局。

2.1.4 发达的资本市场体系

发达的资本市场是美国最大的特点，美国拥有世界上第一个电子股票市场——纳斯达克证券市场，是世界上最大的无形交易市场。此外，纳斯达克证券市场的二板市场（NASDAQ）发展也为高科技中小企业的融资提供了灵活的渠道。美国除了拥有多层次的股票市场以外，还拥有交易灵活的债券市场，美国的债券市场规模较大，发行条件较为宽松，企业债券市场交易灵活，成为了大多数美国企业包括中小型企业融资的重要选择。

（1）完善的多层次股票市场

美国的股票市场体系发达，层次多样、功能完备。其中，全国性的证券交易所市场有两个，主要包括全美证券交易所（AMEX）和纽约证券交易所（NYSE）；区域性的证券交易所市场有五个，主要包括太平洋证券交易所（PASE）、中西部证券交易所（MWSE）、费城证券交易所（PHSE）、芝加哥期权交易所以及辛辛那提证券交易所（CISE）；而场外交易场所市场（OTC）有三个，分别是场外交易市场行情公告板（OTCBB）、全美证券交易协会自动报价系统（NASDAQ）和粉单交易市场（Pink Sheets）。如表 2 – 1 所示。

表 2 – 1　　　　　美国各层次股票市场基本情况

股票市场名称	基本情况
纽约证券交易所	组织结构最健全，设备最完善，要求最严格，主要面向发展成熟、有良好业绩的大型企业
全美证券交易所	上市条件相对低，主要是传统行业和国外公司
区域性交易所市场	基本上没有上市功能，已成为纽约证券交易所和 NASDAQ 市场的区域交易中心
纳斯达克市场	成立于 1971 年，是世界上第一个电子股票市场，主要为高成长性、高风险性的企业提供融资服务。经过 30 余年的发展，纳斯达克已经成为仅次于纽约证券交易所的全球第二大证券交易所和世界上发展最成功的创业板市场，为科技创新活动提供最有力的金融支持，堪称美国高科技企业成长的摇篮。2006 年 2 月，纳斯达克市场进一步分为 NASDAQ 全球精选市场、NASDAQ 全球市场、NASDAQ 资本市场三个市场。其中，全球精选市场以及全球市场的上市条件并不比纽约证券交易所针对美国公司的条件低。可以说，纳斯达克市场其实是一个兼有主板、二板甚至三板的综合性多层次市场
场外交易市场行情公告板	成立于 1990 年 6 月，由 NASDAQ 设立的一种实时报价服务系统，不具有交易撮合功能，目的是为不能满足交易所或 NASDAQ 上市标准的股票以及交易所或 NASDAQ 退市的证券提供一个公开、透明、有效率的证券交易市场

续表

股票市场名称	基本情况
粉单交易市场	成立于1911年，主要功能是收集遍布全美国的场外交易市场的证券报价并出版。粉单市场是纳斯达克最底层的报价系统，并没有上市的财务要求，发行人也不必向SEC提交财务报告。如果某家公司由2个或以上的做市商公开交易后，它便会自动进入粉单市场并记入交易表中

资料来源：邓平．中国科技创新的金融支持研究［D］．武汉理工大学博士论文，2009．

美国股票市场体系呈现以下特点：第一，美国股票市场体系具有多层次性，由多个不同上市标准的市场构成，每个层次的市场都与特定规模、特定发展阶段的企业融资需求相适应，各有发展的侧重点和目标，是可以把不同科技创新者和科技投资者撮合到一起的机制，满足了不同企业、不同筹资规模的需要，有力地推动了美国科技创新和经济增长。第二，美国各个层次市场之间存在升降板机制，实现了一种无缝隙对接。上市公司一旦满足上一层次市场的准入条件，公司可以选择摘牌然后进入上一个层次；同样，如果上市公司不再符合上市条件，就会进入下一级市场。这样一种具有"优胜劣汰"性质的转板机制不仅能有效地激发中小企业不断成长，而且还能提高整个市场体系的活力与质量。第三，场外交易市场是整个多层次股票市场的基础，大规模高质量的场外交易市场确保了美国多层次股票市场的健康发展。第四，纳斯达克市场实现了创新型小企业的规模性融资，并且为风险投资基金的最终撤离建立了良好的退出机制，实现了股票市场与风险投资的相互联动，促进了风险投资事业的发展。第五，美国上市公司普遍实行股权激励制度，充分调动了科技人员的积极性，大大缩短了科学技术与产业的距离。

（2）发达的债券市场

美国的企业债券占据了资本市场中的重要位置。发行债券是美国企业的一种重要的外源融资方式。目前，美国债券市场规模非常庞大，据统计，现阶段美国债券占美国GDP的143%，债券市场的规模是股票市场的两倍以上（陈燕，2005）。在美国，企业发行债券较自由，企业只要与证券公司协商好发行总额和发行条件，就可以发行债券。债券的发行期限分为短期、中期和长期，没有地域限制，具有较高的回报率。可发行的债券种类多，科技创新企业能够方便地发行资信评估低级或无等级债券。活跃的债券包销市场也为科技创新企业提供了一个便捷的融资平台。

2.1.5 领先的风险投资市场

美国还拥有世界上最发达的风险投资市场，以风险贷款为主，美国初创企业中的 2/3 ~ 3/4 都使用风险贷款，每进行 7 美元的风险投资就有 1 美元的风险贷款，2010 年美国就为本国的初创企业提供了 30 亿美元的风险贷款（杜琰琰和束兰根，2013）。美国全国风险投资协会通过对 20 世纪 70 年代以来的美国接受风险投资的企业及其发展情况的系统调研发现：美国风险投资的资本金额占国民经济总产值（GDP）的 1%，但这些接受风险投资的企业创造的直接经济贡献达到了 GDP 的 11%。美国的风险投资取得如此巨大的成就基于以下几个原因：

（1）优惠的政策支持。为了促进风险投资的发展，美国政府制定了一系列优惠政策，包括税收优惠政策、经济补贴政策、融资鼓励政策、政府采购政策等，这些政策的制定为风险投资的发展提供了一个较为宽松的政策环境和十分完善的制度保障。以税收优惠政策为例，1978 年美国颁布《国民税收法案》，将风险资本增值税率从 49.5% 降低到 28%，激励了对长期权益的投资，使 1979 年风险投资比 1978 年暴涨了 10 倍，达 5.56 亿美元；而 1981 年制定的《经济复苏税务法案》进一步将风险资本增值税由 28% 下调至 20%，使当年风险投资承诺资金翻番，达到 13 亿美元。20 世纪 80 年代以后，美国政府为进一步促进高新技术风险投资，将风险投资额的 60% 免除征税，其余 40% 减半征税。

（2）完善的法律体系。美国制定有完善的风险投资法律体系，涉及风险投资的各个环节，为风险投资的发展创造了必要的法律环境。美国政府在制定促进风险投资业发展的法律体系中，充分体现了"鼓励、扶持、保护"的宗旨，杜绝人为地设定法律障碍。早在 1958 年，美国国会通过了《小企业投资法》和《中小企业法》，确定了中小企业投资公司的地位和作用，明确了政府对中小企业投资公司的扶持政策。1976 年修订了

《有限合伙法》，承认有限合伙制公司的法律地位，为投资专业管理人员与风险资本供给者的结合创造了有效的组合形式，为合伙公司的创业和发展开辟了巨大空间。1979年，美国劳工部修订了1974年制定的《退休收入保障法案》中有关投资指南的规定，允许私营和公共养老基金进入高风险领域的投资，包括从事风险投资，这样就在很大程度上改变了风险投资的来源结构，使风险投资的主要来源由过去以个人和家庭出资者为主转变为以私营和公共养老基金为主。

（3）组织形式以有限合伙制为主。风险投资的效益和发展速度很大程度上受到风险投资组织形式的影响。作为风险投资的组织形式，有限合伙制自从20世纪70年代在美国诞生以来，在风险投资组织形式上一直占据着主导地位。据统计，美国目前采取有限合伙制组织形式的风险投资机构占全国风险投资总数的80%，可以有效地解决存在的一系列代理问题（戴国强，2003）。

（4）机构基金占主导地位，资金来源广泛而稳定。美国风险投资资金来源多元化，主要来源有捐赠基金、投资银行、非银行金融机构、大公司、银行控股公司、养老保险、保险公司以及外国投资者的投资。

（5）风险投资方式多样。风险投资一般比较青睐在风险企业的成长期和扩张期进行投资。美国风险投资协会（NVCA）曾进行了一次统计：风险投资资金约有80%投在成长期和扩张期这两个阶段，在风险企业创建阶段投资的仅占1%，而在成熟阶段风险投资资金约占14%。美国风险投资从行业上来看，主要投资于高科技领域，针对的是高科技企业。2001年以来，美国风险投资资金流向行业比较集中，它们是医疗、生物技术、信息技术以及健康产业。有关数据显示，美国风险投资资金比较集中在高技术企业的集群地。2006年，普华永道（PWC）对风险投资资金进行统计表明，2005年第四季度全美有60%的风险投资额投向硅谷、新英格兰和西南地区，从风险投资公司数量来看，全美有51.4%的风险投资公司在这三个地区进行风险投资活动。

（6）退出渠道畅通。美国风险资本退出方式多样，灵活多变，风险资本可以根据各自的投资状况，采取不同的方式退出，主要的退出方式有：公开上市、企业兼并收购、出售、清算等。美国风险资本最主要和最理想的退出方式之一是公开上市，据调查美国有 30% 以上的风险资金通过上市、转让股权达到合理退出（见表 2-2）。股权出售和股权互购也是较为理想的退出方式，美国的风险资本采取这种退出方式的占 38%。然而，在风险投资过程中，往往是高风险的，据统计，全美有 32% 的风险资本由于投资失败迫不得已退出投资。

表 2-2　　　　　　　美国风险投资退出方式构成

退出路径		占比	盈利倍数
公开上市		30%	第一期为 22.5 倍
			第二期为 10 倍
			第三期为 3.7 倍
并购	股权出售	32%	相当于公开上市的 1/5
	股权互购	6%	
破产清算		32%	一般收回原投资的 64%

资料来源：王玉春. 高新技术产业的资本保障战略研究 [M]. 合肥：合肥工业大学出版社，2005.

2.2　日本科技金融网络模式研究

日本作为大型新兴经济体于 2010 年世界创新竞争力中仅次于美国，排名第二，在此我们将从以下几个方面介绍日本科技金融网络模式的内容。

2.2.1　完善的法律制度

为支持中小企业的技术创新，日本政府先后颁布了 50 多部有关中小企业的法律，针对中小企业技术创新的弱点采取扶持措施，给予业务和技术指导，并在财政金融方面给予帮助。1949 年颁布的《中小企业信用法》和《小企业信用保护协会法》是最早的法律制度。1963 年制定的《中小企业基本法》体现了日本政府关于中小企业政策的基本思路，被称为日本中小企业宪法。在此基础上，日本政府又制定了相关的法律法规，例如《中小企业现代化促进法》（1963年）、《中小企业技术基础强化税制度》（1967年）、《中小企业技术开发促进临时措施法》（1985年）等。日本经济泡沫破灭后，《中小企业创造活动促进法》（1995年）颁布，该法在企业的创办、研发支持、研究转化等方面支持了科技中小企业的发展。日本政府不断完善法律环境，促进了科技中小企业的健康发展。

2.2.2 稳定的政策性金融机构

（1）丰富的政策性金融机构种类。为满足中小企业的融资需求，日本政府建立了相应的政策性金融机构。其中，全国性的政策金融机构包括中小企业金融公库、国民金融公库、商工组合中央公库（见表2-3）。尽管它们成立的时间不同且功能各有侧重，但其对有发展前途的中小企业提供低息融资等服务，支持了科技中小企业的发展。这些政策性金融机构在一定程度上改善了科技型中小企业的融资难问题。例如，一般在金融机构难以获得足够贷款的科技型中小企业有机会享受到低于市场利率的优惠贷款；一些原来无法取得贷款的、20人以下的小规模科技企业可以享受无抵押、无担保的小额贷款。

表2-3　　　　日本支持科技创新的部分政策性金融机构

机构名称	成立时间	主要目的	资金来源
商工组合中央公库	1936年12月	由政府和中小企业协会等协会团体共同出资组成，对团体所属成员提供无担保贷款、贴现票据等金融服务	政府拨付的资本金和发行债券
国民金融公库	1949年6月	对从银行等金融机构融资较为困难的、规模较小的中小企业进行小额周转资金贷款	政府拨付的资本金和向政府借款
中小企业金融公库	1953年8月	向规模较大的中小企业提供长期低息贷款，贷款侧重于支持重点产业	政府拨付的资本金和向政府借款

注：1999年（平成11年）10月1日，国民金融公库与环境卫生金融公库整合，成立国民生活金融公库。

资料来源：邓平.中国科技创新的金融支持研究［D］.武汉理工大学博士论文，2009.

（2）稳定的政策性金融机构资金来源。政策性金融机构有稳定有效的资金来源和相对灵活的经营机制，确保了政策性银行功能的发挥。在日本高速成长时期（20世纪60年代至70年代），日本政府将邮政储蓄机构吸收的低成本邮政储蓄存款，经由国家金融管理当局转给政策性银行使用，这种做法的结果是：一方面降低了政策性银行的资金营运成本，确保了政策性贷款资金的来源；另一方面引起了政府财政负担加重、政策性金融机构资金使用效率低下、资金盈利率不高等问题。对此，日本政府效仿英美等国减少了直接贷款，通过对其他金融机构向企业提供贷款给予偿付保证、利息补偿等方式，间接鼓励、吸引和引导更多的商业性金融机构和私人部门向企业融资，从而降低政策性金融机构的经营风险，提高了其对企业科技创新的支持效率。

2.2.3 健全的商业银行体系

日本的银行在科技金融中介机构占据主导地位，分支银行制下的城市商业银行较多，是"银行导向型"金融体制。日本的商业银行体系主要包括以都市银行为代表的大型金融机构和以地方银行、信用金库、信用组合、劳动金库等为代表的民间金融市场。据统计，日本的都市银行占日本所有商业银行的60%以上[1]，分支银行制相对而言不利于中小企业的发展。应对如此环境，日本逐渐形成了今天较为发达的民间金融市场，为科技金融提供了重要的支持，其中较为发达的民间金融机构包括地方银行、第二地方银行、信用金库、信用组合、信用合作社等。截至2011年，日本共拥有地方银行64家，第二地方银行43家，为中小企业提供了重要的信贷支持[2]。

都市银行（又称城市银行）业务范围以大城市为基础，总行设在东京、大阪、名古屋等大城市，并在全国设有为数众多的分支机构，并且都市银行与财团资本有着十分密切的联系，实力雄厚，放款对象偏重于大企业。都市银行在日本占最大比重、具有绝对优势，为顺应大企业由间接金融转

---

[1] 李颖. 科技与金融结合的路径与对策 [M]. 北京：经济科学出版社，2011.
[2] 李巧莎. 日本科技型中小企业融资：经验借鉴及启示 [J]. 科技管理研究，2011 (5).

向直接金融脱离银行的倾向，积极开展了对中小企业的业务，而且近年来还有增加的趋势。但是，都市大银行对中小企业的贷款主要是为了填补大企业贷款减少所带来的空白，具有很大的不稳定性。在支持中小企业生存和发展中起主导作用的仍是各种专门为中小企业服务的中小金融机构。

日本的民间中小金融机构主要包括地方银行、第二地方银行协会加盟行（简称第二地方银行）、信用金库、信用组合、劳动金库联合会等（见表2-4）。这些金融机构的特点是：地方性强，如地方银行的经营范围主要在总行所在地——地方中小城市周围的一个县或三个县以内；分支机构众多而密集，全国共有2000多家；合作、互助性强，信用公库、信用合作社均采用会员制；业务种类多；资余量、贷款量均小于都市银行，但平均每笔贷款额大于政府系统银行。

总体来看，日本的这种以大银行为主的商业银行体系为大型企业的科技创新提供了良好的融资环境，使大企业成为日本科技创新主导。随着经济全球化进程的加快，日本的大银行也加大了对中小企业科技创新的支持力度，但大银行与中小企业科技创新的结合并没有取得预期的效果，中小企业仍然难以从大银行获得创新所需资金和其他金融服务。值得庆幸的是，日本大量存在的地方中小金融机构较好地缓解了中小企业的融资难困境，在很大程度上支持了中小企业的科技创新和发展。这样，日本的商业银行体系与科技创新之间形成了"二元"对接，即大银行支持大型企业的科技创新，而中小金融机构支持中小企业科技创新。

表2-4　　　　　支持企业创新的日本中小金融机构情况

银行	功能和性质
地方银行	主要为本地企业服务，主要服务对象是中小企业
第二地方银行协会加盟行（第二地方银行）	前身是建立的具有合作性质的相互银行，其性质和地方银行相同，但在规模、人员素质、贷款结构、贷款对象等方面与地方银行存在差别
信用金库	根据1951年6月实施的《信用金库法》，在信用协同组合的基础上改组而成的合作制金融机构。特点包括：一是实行会员制，且会员限于本地的小企业、小事业单位和个体业；二是采用合作制，表决权一人（自然人和法人）一票；三是业务范围有一定限制

续表

银行	功能和性质
全国信用金库联合会	以全国信用金库为会员的信用金库中央机关，同时也是一家独立的金融机构
信用组合	规模比信用金库小，更突出相互合作，业务限于组合内的成员、国家、地方、公共团体、非营利性机构的存款和非会员存款
劳动金库联合会	为加强共济活动，提高劳动者生活水平而建立起来的合作性质金融机构

资料来源：邓平. 中国科技创新的金融支持研究 [D]. 武汉理工大学博士论文，2009.

2.2.4　独特的信用补全制度

日本的信用担保机制完善了间接融资市场，为解决科技型中小企业融资难问题提供了重要支持。其主要措施如下：

（1）信用保证法律法规制度完善。1953年8月，日本政府颁布了《信用保证协会法》，根据此法设立了日本信用保证协会，该协会主要是以中小企业为服务对象、不以盈利为目的、具有法人地位的政策性融资服务机构。随后，日本政府还颁布了与《信用保证协会法》相配套的《信用保证协会法施行令》、《信用保证协会法施行规则》等法律规范。这些法律法规对信用保证协会章程的制定、与金融机构约定书的签订、各种准备金的提取等各个方面都进行了严格细致的规范，使信用保证协会的各项经营活动都处于法律规范的保护之下，确保了信用保证体系的合法高效运作。

（2）信用补全制度保证担保融资有效运作。在科技型中小企业缺乏抵押物品和信用记录的情况下，信用补全担保机制可以改善科技型中小企业融资的风险收益分布。日本已经形成了中央与地方风险共担、担保与保险有机结合的信用保证体系。这种中央和地方两级担保的信用补充制度，为日本科技型中小企业贷款提供了重要支持。

日本的信用补全制度是一种双层担保融资模式，包括信用保证制度和信用保险制度两大部分：一是信用保证协会制度，当中小企业向金融机构借款时，信用保证协会就会作为保证人为其提供担保服务；二是中小企业信用保险制度，为中小企业作担保的信用保证协会还会和中小企业保险公库签订合同,当中小企业无法还贷时,信用保证协会还可根据合同向中小企业信用保险金库索赔保险金。

（3）健全的信用体系。日本的信用体系可概括为"一项基础、三大支柱"。"一项基础"为基本财产制度。日本信用保障协会的基本财产是由政府出资、金融机构摊款和累计收支余额构成,并以此作为信用保证基金,其中承保的最高法定限额为基本财产的60倍。

"三大支柱"分别是信用保证保险制度、融资基金制度和损失补偿金补助制度。第一,信用保证保险制度。中小企业信用保险公库与信用保证协会之间具有再担保的关系。当信用保证协会与商业金融机构签订信用担保合同时,还会与中小企业信用保险公库建立再担保（保险）关系。信用保证协会向中小企业信用保险公库支付保证费收入的40%作为保险费,而中小企业信用保险公库则承担信用保证协会70%或80%的代偿风险。第二,融资基金制度。信用保证协会从中央政府（通过中小企业信用保险公库）和地方政府取得按政策性利率吸收借款,再按市场利率存入银行以赚取利差。第三,损失补偿金补助制度。信用保证协会的最终损失由政府拨款补偿。

日本信用担保体系的运作是成功的。日本"信贷担保协会"数据显示,对中小企业的担保余额在1966年末只有6256亿日元,到1999年末已经突破41万亿日元,增长速度惊人,且担保规模远超美国。这种集信用保证与保险为一体的信用补全制度模式效果明显,很快成为许多国家（如韩国、印度、泰国等）的学习对象,有力地推动了科技型中小企业的发展。

2.2.5 健康有序的资本市场

日本的证券交易所目前是由东京、大阪、名古屋、福冈和札幌这五家证券交易所构成。其中,东京证券交易所和大阪证券交易所分别是全国和关西地区的中心性市场,而名古屋、福冈和札幌证券交易所交易量相对较小。日本各家证券交易所都设立了创业板,在一定程度上支持了科技中小企业的发展。其创业板分别是新 Jasdaq 市场（大阪证券交易所）、Mothers 市场（东京证券交易所）、Centrex 市场（名古屋证券交易所）、Ambitious

市场（札幌证券交易所）和 Q – board 市场（福冈证券交易所）。其中，新 Jasdaq 市场与 Mothers 市场是全国性的创业板市场，影响力较大。而这两大创业板之间的竞争关系随着 2013 年 1 月 1 日的日本交易所集团的成立而结束，日本创业板又迎来了全新的时代。据东京股票交易所 2013 年 10 月公布的月报数据，Jasqaq 上市公司为 891 家，Mothers 上市公司为 183 家（见表 2 – 5）。从上市公司数量上来看，Jasdaq 是日本最大的中小企业融资场所。

表 2 – 5　　　　　　2013 年 10 月两大创业板市场数据

	Mothers	Jasqaq/Pro
月成交量（千股）	21464278	3156969
月成交金额（百万日元）	4043386	2334142
上市公司（家）	183	891

资料来源：黄灿、许金花. 日本、德国科技金融结合机制研究［J］. 南方金融，2014（10）.

2.2.6　成熟的风险投资市场

1951 年，日本政府成立的风险企业开发银行专门负责向风险企业提供低息贷款，是日本风险投资的雏形。当时日本政府为恢复经济，大力发展中小企业，特别是为了解决中小企业融资问题，逐渐形成了以政府为主导、以银行等金融机构为主体的风险投资业。

（1）政策支持。为支持风险投资的发展，日本政府先后采取了一系列措施（见表 2 – 6）。日本作为亚洲发展风险投资较早的国家之一，在亚洲居于领先的地位，并成为其科技发展的助推器。

表 2 – 6　　　　　　日本政府推动风险投资市场的部分措施

年份	措施
1951	成立风险企业开发银行，负责向风险企业提供低息贷款，是日本风险投资的雏形
1975	通产省成立下属"风险投资公司"、"研究开发企业培植中心"，主要是对风险企业向银行等金融机构申请的贷款提供债务担保，担保比例达 80%。如果风险企业无法还贷，则代为偿还 80% 的贷款

续表

年份	措施
1995	店头市场为符合条件的创业企业（研究开发费用占销售额3%以上等）设立特殊板块，放宽上市条件，原则上允许亏损企业上市，但同时对信息公布更为严格
1997	制定《天使投资税制》，并修改养老基金使用法规，使养老基金可以进入风险投资市场
1998	大阪证券交易所开设"新市场板块"，创业企业在该板块公开上市的条件比较宽松，主要重视企业的未来成长性，而不只是看财务记录，但是对企业的信息公开更为严格
2000	札幌证券交易所、福冈证券交易所分别开设地方性的新板块，为创业企业提供更为宽松的上市条件，主要重视企业的未来成长性，而不只是看财务状况，同时对信息公布更为严格
2005	日本政府公布并实施了《中小企业新事业活动促进法》（《中小企业创造性事业活动促进法》、《新事业创出促进法》及《中小企业经营革新支援法》三部法律的整合），引导风险资本投向高新技术

资料来源：黄灿、许金花. 日本、德国科技金融结合机制研究［J］. 南方金融，2014（10）.

（2）资金来源。从资金来源看，政府和金融机构是风险投资市场的主要力量。日本为发展风险投资市场，参照了美国的成功经验，并结合具体国情，形成了自身特色。除了政府出资的投资公司外，其他风险投资公司多数属于大金融机构、大企业集团，其中以银行、证券等金融机构设立的投资公司为主。

（3）资金投向。从资金投向看，日本风险投资的投资方向较为分散。导致这一现象的原因主要有三个：一是风险投资公司从业人员大多来自母公司（银行、保险公司等），专业知识较为欠缺；二是日本金融系统以主银行制为特征，间接融资市场发达，而直接融资市场发展相对缓慢，风险投资没有通畅的退出渠道；三是在没有畅通的退出机制下，日本风险投资公司大多偏向于为其母公司的业务发展作铺垫，资金投向也多是在企业创业后期。所以，日本的风险投资在一定意义上是银行业的延伸，在一定程度上整合了直接融资市场和间接融资市场，由此推动了科技型中小企业的发展。

（4）退出渠道。公开上市和并购逐渐成为风险投资的主要退出渠道。

长期以来，日本的风险资本主要是通过场外交易市场退出，但场外交易市场在企业的资产规模、销售收入、净利润等财务指标方面设定了较严格的条件，高科技企业一般难以达到其上市标准。其结果是，大大打击了日本风险投资的积极性，进而导致了日本风险投资业发展相对缓慢的局面。但是，随着日本二板市场的建立和市场准入条件的降低，日本的风险投资近年来进入新一轮快速发展期。调查表明，现在有30%～40%的风险资本以IPO的方式退出，并且利用M&A退出的比例不断上升，由2000年的4.5%上升到2003年的30%。

2.3 印度科技金融网络模式研究

从20世纪八九十年代开始，印度中小企业日益成为印度经济中重要的一部分。其通过创造就业机会，拉动投资和出口，从而促进印度经济的发展，不仅自身飞速发展，还推动了印度国内的行业壮大，并很快融入全球市场中参与科技进步和创新能力的竞争，甚至有不少成为具有世界竞争力的公司，推动印度在国际产业链中发挥日益重要的作用。

2.3.1 规范的科技金融法律法规

印度能够在较短的时间内成为世界科技产业翘楚，与该国政府在立法方面作出的努力息息相关。在推动科技发展的过程中，印度政府力图通过立法保持科技政策的权威性与连续性。1958年3月，印度议会通过了《科学政策决议》，在这项政策的指引下，印度搭建了国家科研体系的总体框架；1983年1月，印度颁布了《技术政策声明》，强调大力发展本土创新科技，也就是说科技发展要最大限度地创造机会、改善民众生活质量；1993年颁布了《新技术政策声明》；2003年制定了《2003科学技术政策》，强调最大化运用印度现有的科技研究体系，通过国际交流等手段提高科研能力；2013年印度总理宣布了印度《2013科学技术和创新政策》，提出调整印度国家科技战略，除此之外，印度政府还制订了每五年一次的科技研发计划。

这五个重要文件都是以立法的形式予以确认和颁布的，从而成为指导印度科技发展的框架性文件。文件中所确定的方针政策不仅是科技工作的指导方针，而且是印度政府履行对科技承诺的检验标准。

2.3.2 强有力的政策性支持

印度政府非常重视中小企业的发展（不局限于科技型中小企业），从财税、信贷、技术、基建等层面采取了一系列措施推进科技产业化和科技企业发展壮大。印度政府大力支持科技金融发展，科技研发经费的85%由中央及各邦政府提供，设立技术开发和应用基金推动科技发展，同时采取一些具体有效的保障措施。一方面，对软件出口实行零关税、零流通税和零服务税，并提供劳动合同税、个人所得税等多税种的优惠。另一方面，制定和修改了《信息技术法》和《版权法》等法律法规，保护软件知识产权，促进软件业发展，并创造合适的法律环境。

为了让科技成果实现产业化发展，鼓励科技人员进行创业，印度建立科技企业发展委员会，使科技型中小企业可以从体制上得到保障。为了让产业界、科研机构等加强联系，使科技型中小企业获得发展的动力，印度的科技部、金融机构等一同建立了科技企业园，为技术产业提供孵化器，让科技人员可以获得创业指导和支持。此外，印度规定引进国外技术需要征5%的税，这笔税金用来建立技术应用和开发基金，用于支持本国技术研发。加大政府投资力度，为科学与工业研究部、生物技术部、科技部等生产技术的研发提供经费。印度的软件产业实现了飞速发展，围绕这一产业出现了许多类型的风险基金，如私营风险基金、国家风险基金等。科技型中小企业得到这些风险基金的支持，实现了快速发展。

2.3.3 高覆盖面的银行体系

印度的银行体系具有极强的延伸性和蔓延度，几乎遍布每一个村落。其银行体系中有27家政府银行，25家私人银行，46家外资银行，超过

47000个非银行金融机构,这些非银行金融机构以私营为主,能够为科技企业尤其是科技型中小企业提供更多的融资手段、融资渠道以及融资额度。印度银行信贷只有35%贷给国有企业,其他65%都是贷给个人或者民营企业。其银行体系包括国有、私营以及外资银行三大类型,其资产占银行资产总额的比例分别为75%、18%和7%。印度私营银行虽然规模和市场份额相对有限,但其运营管理良好并且大都处于盈利状态,包括印度工业信贷投资银行(ICICI)和住房开发金融公司(HDFC)这两家印度最大的民营银行。并且,私营银行由于管控得力,其坏账规模远低于国有银行,在金融业务创新和科技金融结合层面更具灵活性。同时,印度银行允许混业经营,其触角众多的分支机构可以为科技企业提供"一站式"的金融服务。类似于硅谷银行,印度的不少商业银行也采取债权投资与股权投资相结合的方式,经常以股本模式参与企业投资,为企业提供增值服务。

小型工业开发银行(SIDBI)是印度支持小企业发展的专门银行,是印度工业开发银行(IDBI)的子公司,其主要目标是为中小企业提供融资。此外,SIDBI也为许多部门以及基础设施建设的工业筹集资金帮助初创企业发展。总体而言,小型工业开发银行主要采取以下几种措施促进中小企业发展:第一,为不同类型的小公司提供直接融资。第二,开展票据信贷项目融资。为印度机器制造业提供中期和短期的融资,包括自制品、资本设备、部件装配等。第三,充当国家信贷公司(SFCs)、邦合作银行和其他银行及投资企业的再融资机构。第四,参与政府计划,如农业产业计划、创业发展计划、管理发展计划以及技术升级计划。这类政府计划均将财力支援、技术协助、专业技术供给相结合,为科技型中小企业提供全方位的支持。第五,项目融资。间接融资在SIDBI的金融活动中占主要地位。SIDBI为弱势群体经营小额贷款项目,且该银行的一个明显优势是小额贷款利率相对较低,通常低于PLR。此外,SIDBI拥有自己的风险投资基金,是印度发展风险投资的重要机构,并且还为小企业家成立了一个信用保证信托基金(CGTMSE)。

东北开发融资公司是印度的区域性金融机构。该机构成立于1995年,主要为东北地区的工业、基础设施和农业建设提供融资。东北开发融资机构的服务内容包括：融资项目；东北部企业发展计划（NMDDS），为缺少财政资源、不能达到商业银行要求的小型创业企业提供援助；通过与志愿机构和非政府组织交流推动该地区小额信贷的发展；长期营运资本贷款和设备融资，以及一些专门的企业发展计划。此外，它还负责管理技术经济研发基金，用于开发东北部七个州的经济潜力。SIDBI 和东北开发融资公司代表了印度自上而下扶持中小企业发展的做法，但对于广大的极其贫困人群的作用还是相当有限的。

小额信贷在过去几十年里成为印度金融行业发展的一个重要方向。印度目前是全世界小额信贷市场 20 强中的一员且增长速度最高。在 20 世纪 60 年代，印度小额信贷的主要来源还是非正规渠道，占全部信贷资金来源的 83.7%，而随着印度小额信贷市场的不断规范，正规金融机构的信贷来源稳步上升，到 1991 年时该比例已经下降为 36%。目前，小额信贷市场的资金已经主要依靠银行供给。小额信贷的快速健康发展为难以通过正式的银行机构获得贷款的中小企业和创新型企业开辟了多元化的融资途径。

2.3.4 多层次的资本市场

多层次的股票市场为培养和壮大高科技企业提供了重要的直接融资渠道，也为印度风险投资的快速发展提供了良好的退出渠道。印度的资本市场已有 100 多年的历史，已经形成了比较完善、高效、透明的市场机制。目前，印度拥有包括 2 家全国性的股票市场和 25 家地方性的股票市场在内的 27 个股票市场，这 2 家全国性股票交易所是孟买证券交易所（BSE）和国家证券交易所（NSE）。世界银行的数据显示，截至 2012 年 12 月，共有 5191 家国内企业在印度股票市场上市，上市公司数量为金砖五国之最。印度多层次资本市场的重要特点之一是把支持中小企业融资和促进高科技产业发展放在突出位置，资本市场在支持中小企业融资和提升产业结构方面发挥了积极作用。印度多层次资本市场培育了一批堪与欧美大公司竞争的高科技企业，如软件业巨头 Infosys 和 Wipro，制药与生物技术公司 Ranbaxy 和 Dr. Reddy's Labs 等。印度在逐步深化的资本市场改革过程中，运用市场机制的调节作用，积极主动地稳固市场架构、优化市场制度以及强化上市公司治理。发达的多层次资本市场使印度资产和财产的股票化、证券化程度较高，企业比较容易从资本市场获得资金。

印度资本市场最大的优势在于其上市公司 IPO 的定价无须审核，可以自由定价，这在充分尊重市场选择的同时也为科技企业尤其是科技型中小企业获得大额融资提供了可能。印度企业尤其是科技型企业融资可得性的困难程度远低于中国。据调查表明，中国超过 80% 的科技型企业认为面临融资困难，而印度这一比例仅为 52%。麦肯锡采用五个标准对比印度与亚洲其他国家银行发现，印度银行在"股东价值提升"、"资本配置效率"和"GDP 贡献度"等层面，分值高于其他银行。印度的资本市场占据主导，为成长性的科技型中小企业提供了宽广的融资空间和多元的融资渠道。

此外，印度完善的经济制度，使其对金融合约执行的有效性大大提升，这对资本市场、风险投资的发展至关重要，进而为科技型中小企业融资提供肥沃的制度土壤和适中的金融水分条件。

2.3.5 独特的创业风险投资

印度风险投资基金的初步构想可以追溯到 1973 年，随后政府颁布长期财政政策、进行试点、颁布减免税收条例、建立不同层次的风险基金等。目前印度最大的风险投资公司——印度技术发展与信息有限公司以及另外两个著名的个人风险投资公司均将总部或办事处设在班加罗尔。印度科技金融风险投资公司主要具有两方面特点：第一，主要由金融机构发起设立，包括由中央联邦政府控制的金融发展机构、由州政府控制的金融发展机构，公共商业银行、外资银行及私人银行发起设立；第二，风险投资主要投资于风险企业的成长期、后期及已上市风险企业。

尽管印度风险投资行业发展的历史并不算长，但在政府的大力支持下得到快速发展。特别是，日益活跃的风险投资活动对印度软件行业的发展起到了关键作用，使印度软件业在竞争激烈的全球 IT 市场中悄然崛起，成为印度科技和世界软件行业的领导者。据统计，信息技术产业对印度

GDP的贡献度为6%，印度软件和信息技术带动的服务业在过去五年年均增长率超过30%。其中，最具代表性的IT产业风险投资基金之一是1999年由印度小型工业开发银行、印度工业开发银行和印度政府共同出资成立的国家软件和IT产业风险投资基金（NFSIT）。该基金特别用于小规模企业融资，涉及所有IT产业、多媒体、数据通信和电信增值服务。其主要特点之一是为促进与海外IT企业建立同盟关系提供支持，甚至包括那些由印度移民所设立的IT企业。

为了满足中小企业的风险资本需求，特别是针对创新型企业和技术型企业，2008～2009年财政预算宣布为SIDBI设立一只2亿卢比的风险投资基金。SIDBI以股权、优先股本、可转换债券等形式提供风险资金，直接援助中小企业。截至2012年3月31日，共有1.19亿卢比风险资金已经通过SIDBI交付给中小企业。为了加强对中小企业股权融资的支持，2012～2013年财政预算宣布通过SIDBI建立一只规模5亿卢比的印度机会风险基金（Opportunity Fund）。

经过二十多年的发展，印度目前已经初步建立起以政府资金和海外资金为主体、以软件行业为代表的高新技术产业的风险投资。印度风险投资已经成为世界风险投资行业发展最快的国家之一。2012年，全球3200亿美元的风险投资基金有35亿美元投向印度，其中医疗和IT及其相关产业成为吸引风险投资最多的行业。印度风险投资业获得初步成功的经验主要有以下几个方面：

（1）政府的大力支持是印度风险投资快速发展的重要原因。首先，在财政方面，印度政府以为高新技术风险企业提供补贴资金的形式分担投资者的部分风险。其次，在税收方面，印度证券交易所制定了针对风险投资企业的优惠税收政策——长期资本利得全部免税。由于在印度红利收入也是免税的，这就意味着风险投资企业和投资者双方面完全享受免税。而对于海外投资者，可以利用《印度—毛里求斯税收条约》完全规避税收。再次，政府积极参与风险投资。为促进国内技术的商业化，印度政府1996年成立了技术与发展委员会。技术与发展委员会的一个创新举措是向技术公司提供种子基金，资金支持包括80%的贷款、13%的拨款，5%

的资金用来参与印度技术发展计划（Technology Venture Unit Scheme），只有1%的资金被投资公司控股。2001~2006年技术发展委员会支持了100多家企业。近年来，印度政府资金参与风险投资的形式已经从最初的直接参与投资，逐渐转变为参与运作、协助民营和海外风险投资基金发展的模式。最后，注重发展早期阶段的风险投资。最近几年，印度成立了天使投资者组织，如天使投资，积极引导风险资金进入早期阶段。2012年，早期阶段的风险资金已经在印度并购交易中发挥关键作用，早期阶段的风险投资资金量接近1000万美元。

（2）高新技术企业的资金需求是推动风险投资发展的主要力量。从20世纪80年代中期开始，印度高科技产业尤其是软件业，出现了长达10多年的高速稳定增长。以软件业为例，其年产值从1986~1987年的3亿卢比增长到1997~1998年的1000亿卢比，年均增长率在50%以上。据统计，目前印度平均每天就有3家新的高新技术公司创立。伴随着高新技术产业的快速发展以及中小型科技企业的不断涌现，传统的以财政投入与银行信贷为主的金融供给方式已经无法满足科技创新对资金的巨大需求，与科技企业成长相匹配的金融支持方式——风险投资应运而生。可以看出，在政府支持下得以健康发展的高新技术产业是推动印度风险投资业迅速崛起的根本动力。

（3）海外资金的大量介入成为印度风险投资的重要来源。根据印度风险投资协会统计，2011~2012年，来自海外的资金超过印度风险资金总量的80%。海外资本已经成为印度风险资金来源的主要力量，为印度风险投资的健康发展发挥了积极作用，主要体现在海外资本致力于中长期投资，目标是选择和培养具有高成长性的优质企业，从而为印度培育了一大批与国际接轨的高新技术企业。同时，由于风险投资的增值服务，还帮助企业提高了管理水平、规范经营与财务制度、开拓国内外市场，提高了企业家的整体素质。

3
基于科技金融网络的
高技术企业成长机制研究

3.1 引言

20世纪90年代以来，世界经济快速发展，技术创新成为经济增长的主要推动力。与发达国家相比，我国技术创新能力存在较大差距，2011年我国科技进步对经济增长贡献率比创新型国家大约低20%，我国政府科技拨款占GDP比重的平均水平仅维持在0.6%左右。数据显示，全国开展研发活动的大中型工业企业为12889家，占全部大中型工业企业数比重仅为28.31%，小型企业几乎无研发能力。全国企业研发投入占销售收入比重仅为0.74%，大中型企业才为0.93%，远低于发达国家2.5%~4%的平均水平。国家在国民经济和社会发展"十二五"规划纲要中明确提出坚持把科技进步和创新作为加快转变经济发展方式的重要支撑；党的十八大报告中也明确提出要实施创新驱动发展战略，既要坚持自主创新，更要注重协同创新，着力构建以企业为主体、市场为导向、产学研相结合的技术创新体系。于是，如何促进科技与金融的结合，构建和优化有利于技术创新的科技金融支撑环境，对于提高中小企业技术创新水平、促进国民经济发展和建设创新型国家都具有关键性的意义。

从广义上讲，科技金融是促进科技开发、成果转化和高新技术产业发展的一系列金融工具、金融制度、金融政策与金融服务的系统性、创新性安排。我国的科技金融实践活动于20世纪80年代出现，以首批科技贷款的发放为代表，而科技金融的提法在20世纪90年代才得以表述。由于出现时间还比较短，因此，关于科技金融的理论研究和实践仍处于起步阶段，还很不成熟。Strogatz指出，网络更多的是一种思考问题的方式，有利于更好地理解不同主体之间或者复杂系统之间的相互作用。科技金融网络是社会网络分析方法对科技金融系统进行研究的一个新范畴，是科技系统与金融系统的结合，是包括高技术企业、银行等信贷类机构、创投公司等投资类机构、评估担保等担保类机构、资本市场、政府主管部门及科技园区等单位在内的复杂系统。同类主体的集合构成科技金融系统中的一个个子系统,同时,各个主体共同组成了一张巨大的科技金融网络。科技金融网络具备网络结构的诸多特征,而且各子系统之间通过非线性作用产生协同效应,使科技金融网络形成了有特定功能的自组织结构。国内外现有的关于技术创新和金融支持的研究很少涉及科技型企业嵌入的科技金融网络,对于科技金融网络下的高技术企业成长的研究,缺乏微观、动态、耦合的视角。要解决这些问题,必须研究科技金融网络的结构、科技金融网络与高技术企业成长之间的内在联系,进一步探索高技术企业成长的途径。

3.2 科技金融网络的结构及特征

3.2.1 科技金融网络的结构

科技金融网络中的主要节点有7个,分别是:高技术企业、银行等信贷类机构、创投公司等投资类机构、评估担保等担保类机构、资本市场、政府主管部门及科技园区。图3-1表示出了各节点间的关系。

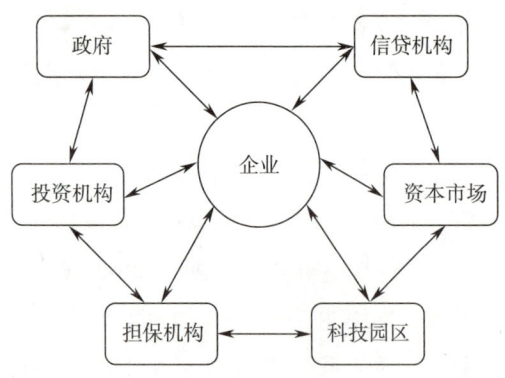

图 3-1 科技金融网络的结构

其中,高技术企业是科技金融网络中的核心主体,也是在创新过程中加速创新的直接行为主体。企业与网络内其他节点均发生关系。信贷机构包括商业银行和小额贷款公司。一般在科技园区内设立科技信贷支行，或者设立科技小额贷款公司，用于支持高技术企业发展壮大。政府部门包括国家和地方政府及其公共部门。政府部门在加速科技金融网络发展，通过改善基础设施来提升区域内部的科技金融环境，通过制定政策、法规等调节市场以及合理分配资源方面，发挥着不可替代的作用。

3.2.2 科技金融网络的特征

动态性。随着企业的成长，科技金融网络中的各个节点间的关系链条和其中包含的要素和知识、信息等时刻都在流动中不断作用与更新，所以科技金融网络的形成，实质上是逐渐变化发展的动态过程。

开放性。科技金融网络内包含的各个节点间的关系不只是在网络内部产生联系，还在网络外部开展合作，进而增加网络中的节点，并且通过网络之间的技术、资本和劳动力等要素的扩散，可以获取外部的互补性资源，科技金融网络的动态性特征也就是在这个过程中体现出来的。

系统性。科技金融网络中所有的主体协同作用导致了网络的创新和不断发展。科技创新活动的发生不仅会给创新者带来利益，同时也可以通过主体间的集体学习等活动在网络中流动，把技术和知识等带给其他主体，进而使网络内知识等资源的积累量增加，然后促使另一个创新成果的孕育和发展。

非中心化。非中心化特征也就是无论各节点在科技金融网络内的地位如何，均可以通过网络化的方式平等合作和交流，于是能够保证相对较少的资源的流失。另外，网络中的各个行为主体利用这种非中心化的网络，除了进行更好的合作与交流之外，还可以降低一部分市场竞争和失败的风险。

3.3 企业成长机制研究

企业成长机制主要探讨企业实现成长的方式、成长的动因以及这些因素转化为成果的途径等问题。对企业成长机制的认识和研究随着企业成长环境条件的变化、实践活动的多样化而不断扩展。不同的企业成长机制的形成不仅与特定的时代相关，也与企业和企业家的战略意图和偏好相关。

3.3.1 外生成长机制

研究视角立足于企业外部，是通过购买外部资源实现企业成长的一种颇受争议的机制和方式，经常发生在竞争力不均衡的企业之间，属于一种非合作博弈。虽然环境适宜时，这种成长方式可以短时间内实现企业规模的大幅度扩张，占据有利的市场地位和获取较理想的收益等，但也具有难以消除的缺陷。比如，增加了企业生产和管理费用，获取了冗余资源，造成负担；很难满足企业的多种资源需求；产生文化冲突；使垂直一体化缺乏效率、效能和灵活性，有相当多的企业因无法达到预期的收益或效果而告失败等。

3.3.2 内生成长机制

彭罗斯提出了基于资源的企业内生成长理论，将研究视角从外部规模经济转向企业内生性成长，建立了一个"资源—能力—成长"的分析框架。内生增长机制的研究视角立足于企业内部，研究内容主要侧重在与企业成长密切相关的6个组成部分：企业能力、融资和法律制度安排、产业演化、技术和知识、信息披露和资本结构以及环境不确定性。这种理论主张企业成长完全是企业内部资源整合、能力匹配的结果，外部环境因素对企业影响极小，可以忽略不计。这是"福特制"生产时代大多数企业常用的成长机制。

3.3.3 网络化成长机制

Michael Porter（1990）提出了产业集群现象。邬爱其提出了网络化成长概念，并建立了"网络—网络资源—集群成长"的理论框架。池仁勇分析了区域创新网络的基本框架及网络节点的链接形式。贾生华研究了全球网络、本地网络对集群企业能力的影响。

在复杂的集群环境下，高技术集群企业成长是一种与本地网络内其他组织间相互依赖、相互促进的企业成长模式，本地网络的资源状况以及企业从中可获得的资源状况成为影响集群企业成长的重要因素。

已有的成长理论主要从单个企业视角分析企业成长机制，从社会网络视角出发，基于科技金融网络分析科技型企业的成长，其缺乏深入、系统的研究。尤其对于产业聚集区企业与其科技金融网络环境进行适应合作、互动共生，实现网络化成长的研究不足。

3.4 科技金融网络对高技术企业成长的作用机理

3.4.1 企业创新融资机制

高技术企业在科技金融网络的嵌入性对于企业依托网络进行融资具有积极的作用。嵌入性与网络的关联性加大了创业企业对于社会资源的整合和调配力度。对于孵化期和创业期的企业，主要通过股权融资方式，也就是创业投资方式给予支持。网络属于创业融资最大的推动因素（Moshe Sharir 和 Miri Lerne，2006），创业企业的融资战略是与其社会网络和创业发展轨迹密切相关的（Jianwen Liao 和 Harold Welsch，2003）。创业企业融资的成败是由创业企业社会网络所承担的角色和具备的能力、其所处的社会网络的位置与利用效率决定的（Timothy Bates，1997）。科技金融社会网络可帮助创业企业克服困难、打破瓶颈、脱离束缚。成熟期企业的创新融资，可以通过间接融资方式，也就是贷款方式给予支持。对于成长期的企业，可以在给予贷款支持的同时，辅以股权融资支持。

3.4.2 技术创新机制

企业竞争优势的核心在于获取、配置、交换和整合资源的能力，即网络。Granovetter 将网络关系分为两类，强关系和弱关系。在科技金融网络中，强关系有利于给高技术企业带来所需的知识信息。企业能够通过建立强关系特征的机械性网络，构建起有利于知识交换和融合的制度。弱关系在为企业进行探索式学习、提供知识来源方面充当"桥梁"的角色。由于弱关系分布范围较广，相对于强关系而言，它更能跨越社会界限去获得信息和资源。技术创新绩效对企业社会资本中的强关系和弱关系具有正向促进作用，创新绩效对弱关系的正向促进作用强于对强关系的正向促进作用，信息披露强化了企业社会网络中的强关系和弱关系，信息披露在技术创新活动成果对企业社会资本网络关系的影响中起不完全中介作用。

3.4.3　信息传递机制

科技金融网络中的信息共享对于企业融资具有正向效应。但严重的信息不对称是融资的最大障碍。提高企业投资方与融资方的信息管理效率对改善创业融资质量具有巨大的提升作用（Carla Sofia Pereira 和 António Lucas Soares，2007）。但是，每一个企业都处于一定的网络节点上且拥有特定的信息，而这些信息是网络以外的经济个体所无法理解或利用的。一方面是因为部分融资信息具有隐蔽性，无法通过文字或图表传递，另一方面是因为企业会有意识地阻碍私有信息的外泄，而这些信息可能是网络中融合各方均较为看重的信息。企业在依托其所拥有的网络开展融资活动时，迫切需要打破"结构洞"来消除融资合作各方之间的信息壁垒，也可发挥"结构洞"的信息枢纽作用，实现与"结构洞"以外网络个体之间的信息共享。

3.5　实证分析

3.5.1　研究假设

根据以上对企业融资、技术创新等方面的理论探讨，我们提出了两个相关假设：假设1，企业融资规模的大小对高技术企业的成长有正的促进作用；假设 2，企业对技术创新的投入会促进高技术企业的成长。

3.5.2 数据来源及指标选取

考虑到数据的真实性与可取性，本书选取了 20 家在深圳证券交易所创业板上市的不同规模的高技术企业 2014 年第三季度的相关数据，利用 EViews7.0 软件对样本数据做简单线性回归，探讨以上提出的两个假设。

企业融资规模是指一定时期内企业筹集资金的总额。企业在生产经营过程中自有资金的匮乏，使其不得不从外界筹取资金支持。由于企业融资需要付出一定的代价，所以企业在计划融资时，首先要确定自己的融资规模。如果融资规模过大，或者造成资金闲置、资源浪费，同时增加融资成本；或者导致企业负债过多，无法承受，偿还困难，增加经营风险。但是如果筹资不足，则又会影响企业后续生产经营的正常开展。因此，合理的融资规模是企业良好发展的必要条件。由于本书选取不同企业的相关数据进行比较，所以融资规模的衡量指标是选取融资总额：$X1 = $ 融资总额。

技术创新是指企业对生产技术的创新，包括自行开发的新技术，也包括将已有的技术进行应用创新，学者们从不同角度对企业技术创新进行了研究。无形资产是指企业拥有或者控制的没有实物形态的可辨认非货币性资产，主要包括专利权、非专利技术、商标权、著作权、土地使用权、特许权等。所以本书认为高技术企业主要无形资产总额可以作为企业技术创新的数量指标。本书选用企业财务报表中无形资产总额来计量技术创新：$X2 = $ 无形资产总额。

彭罗斯（1959）提出企业的内部成长理论，他以单个企业为研究对象，分析了企业的成长过程。国内学者对企业成长过程的划分各不相同，一般情况下，根据企业的销售额变化将企业成长过程分为创立期、成长期、成熟期、衰退期四个阶段。而有关企业成长的衡量指标主要有总资产的增长率、主营业务收入的增长率、固定资产增长率等。由于本书是对不同企业的数据进行分析的，无法采用增长率这样的指标，所以选用的是绝对数来进行实证研究。本书选取了营业收入和企业总资产两个指标：$Y1 = $ 营业收入；$Y2 = $ 总资产。

3.5.3 各变量描述性统计及相关系数检验

表3-1给出了各变量的描述性统计结果,包括变量的均值、方差、标准差、最大值、最小值、偏度等。表3-2给出了变量之间的相关系数,从表3-2的结果中我们可以看出,样本数据的融资规模与营业收入的相关系数是0.5413,无形资产与营业收入的相关系数是0.4018,融资规模与总资产的相关系数是0.6936,无形资产与总资产的相关系数是0.5173。

表3-1　　　　　　　　　　描述性统计

	营业收入 Y1	总资产 Y2	融资规模 X1	无形资产 X2
Mean	900952834.38	1991477969.76	392227736.70	59903827.01
Median	848493452.48	1764913933.76	302283528.00	51713170.25
Maximum	1838352650.45	5104452348.12	1323537143.00	150328424.71
Minimum	141560448.95	512171872.90	118000000.00	4636194.90
Std. Dev.	554641735.59	1255134421.09	278813830.07	39409858.37
Skewness	0.19	0.90	2.08	0.72
Kurtosis	1.59	3.02	7.36	3.13
Jarque-Bera	1.79	2.71	30.34	1.76
Probability	0.41	0.26	0.00	0.42
Sum	18019056687.52	39829559395.11	7844554734.00	1198076540.25
Sum Sq. Dev.(亿)	58449216422.90	299318858848.69	14770058849.44	295096018.05
Observations	20	20	20	20

表3-2　　　　　　　　　变量之间相关系数

	营业收入	总资产	融资规模	无形资产
营业收入	1.0000	0.8172	0.5413	0.4018
总资产	0.8172	1.0000	0.6936	0.5173
融资规模	0.5413	0.6936	1.0000	0.0782
无形资产	0.4018	0.5173	0.0782	1.0000

3.5.4 实证分析结果

本书采用了最小二乘法进行了回归过程,如表 3-3、表 3-4 所示。

表 3-3　　　　　　　　　回归结果 1

Dependent Variable: Y1			
Method: Least Squares			
Date: 03/09/15 Time: 17:53			
Sample: 1 20			
Included observations: 20			
Variable	Coefficient	Std. Error	t – Statistic	Prob.
C	1.96E+08	2.27E+08	0.862956	0.4002
X1	1.020570	0.367610	2.776230	0.0129
X2	5.089615	2.600739	2.156988	0.0670
R – squared	0.423021	Mean dependent var	9.01E+08
Adjusted R – squared	0.355141	S. D. dependent var	5.55E+08
S. E. of regression	4.45E+08	Akaike info criterion	42.80430
Sum squared resid	3.37E+18	Schwarz criterion	42.95366
Log likelihood	–425.0430	Hannan – Quinn criter.	42.83346
F – statistic	6.231906	Durbin – Watson stat	2.059945
Prob (F – statistic)	0.009330		

表 3-3 中显示,模型 1 的 F 值为 6.231906,对应的 P 值接近 0,模型 1 在 1% 的显著性水平上是显著的。模型 1 调整的 R^2 为 0.355141,拟合程度较好。D.W. 值为 2.059945,查表可得 D_U = 1.41 (n = 20, k = 2 时),D.W. 值处于 D_U 和 4 – D_U 之间,所以模型 1 不存在自相关性。图 3-2 显示,标准化残差图中的各点分布都是随机的,并没有呈现一定的趋势性,说明模型 1 不存在异方差问题。根据回归结果 1 写出模型 1 的方程式:

$$Y1 = 195769541.733 + 1.0205700099 \times X1 + 5.08961518357 \times X2$$
$$(2.776230) \qquad\qquad (2.156988)$$

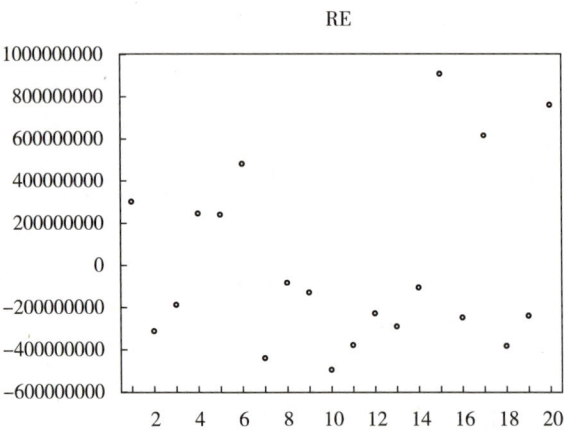

图 3-2　回归结果 1 的标准化残差

表 3-4　　　　　　　　　　回归结果 2

Variable	Coefficient	Std. Error	t - Statistic	Prob.
C	-57664891	3.72E+08	-0.154956	0.8787
X1	2.958502	0.603023	4.906120	0.0001
X2	14.83605	4.266219	3.477564	0.0029
R - squared	0.696822	Mean dependent var		1.99E+09
Adjusted R - squared	0.661154	S. D. dependent var		1.26E+09
S. E. of regression	7.31E+08	Akaike info criterion		43.79416
Sum squared resid	9.07E+18	Schwarz criterion		43.94352
Log likelihood	-434.9416	Hannan - Quinn criter.		43.82332
F - statistic	19.53636	Durbin - Watson stat		1.487391
Prob (F - statistic)	0.000039			

自由度 17 的 T 统计量的临界值为 $t_{0.025}(17)=2.11$，所以 X1、X2 的参数显著地异于零。模型 1 说明，当融资规模（X1）变化 1 个单位时，

营业收入会同方向变动 1.0206 个单位;当无形资产总额(X2)变动 1 个单位时,营业收入会同方向变动 5.0896 个单位。根据样本数据的回归结果我们验证了假设 1,企业融资规模的大小对高技术企业的成长有正的促进作用。

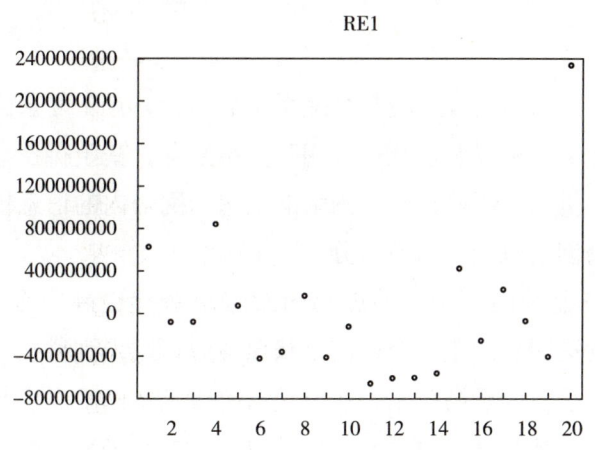

图 3-3 回归结果 2 的标准化残差

表 3-4 显示,模型 2 的 F 值为 19.53636,对应的 P 值接近于 0,所以模型在 1% 的显著性水平上是显著的。模型 2 调整的 R^2 为 0.661154,拟合程度较好。D.W. 值为 1.487391,查表可得 $D_U = 1.41$ ($n = 20$, $k = 2$ 时),D.W. 值处于 D_U 和 $4 - D_U$ 之间,所以模型 2 不存在自相关性。图 3-3 显示,标准化残差图中的各点分布都是随机的,并没有呈现一定的趋势性,说明模型 2 不存在异方差问题。根据回归结果 2 写出模型 2 方程式:

$$Y2 = -57664891.4057 + 2.1569880247428 \times X1 + 14.8360493139 \times X2$$
$$(4.906120) \qquad (3.477564)$$

在 5% 的显著性水平下自由度 17 的 T 统计量的临界值为 $t_{0.025}(17) = 2.11$,所以 X1、X2 的参数显著地异于零。模型 2 说明,当融资规模(X1)变化 1 个单位时,总资产会同方向变动 2.1570 个单位;当无形资产总额(X2)变动 1 个单位时,总资产会同方向变动 14.8360 个单位。根据样本数据的回归结果我们验证了假设 2,企业对技术创新的投入会促进高技术企业的成长。

3.6 结论

科技金融网络是科技系统与金融系统的结合，具备复杂巨系统和复杂网络等诸多特征，构成要素众多，相互关系复杂，基于科技金融网络的高技术企业成长机制，与科技金融网络的结构、网络内的信息传递机制、网络节点的协同创新机制等密不可分。

（1）科技金融网络结构的影响因素包括企业创新资金的需求规模、风险强度、投资回报期望、企业信用状况等因素，识别科技金融网络结构的关键影响因素，分析高技术企业成长与科技金融网络发展与演化过程中各影响因素所构成的因果关系，构建科技金融社会网络的系统动力学模型，是需要进一步研究的课题。

（2）以创新融资作为科技金融网络的连接机制，科技金融网络连接了不同主体，其中高技术企业为科技创新的主体，政府、银行、投资机构、资本市场等为创新资金供给主体，担保公司等为金融服务主体。这些主体具有选择各自关联的判断力，科技金融网络的形成依赖于众多主体的策略性决策。但是，科技金融网络的形成演化如何受主体策略行为的影响？科技金融网络宏观层次上结构的涌现如何对微观层次上主体策略行为进行控制？进一步的研究需要解决如何定量刻画主体策略行为的问题，并实现对主体策略行为和网络结构相互影响的整合。

（3）科技金融网络中企业融资的研究，主要关注企业创业阶段，即处于创建期和成长前期的企业，而对全生命周期的企业成长支持及其融资的研究较为少见。在企业技术创新方面，企业技术创新与社会资本特别是金融支持的关系这一主题的研究涉足甚少，而且过往研究没有细化企业发展阶段。由于企业成长阶段的不同必然会导致企业技术创新活动和企业社会资本强弱的差异，选择科技型企业作为样本进行研究的出发点在于，这类企业的生存和发展是以技术创新活动作为基础和推动力,并且由于这一类企业的资本积累较弱,所以金融支持对企业技术创新活动的开展具有重要的支撑作用。

(4) 高技术企业的成长以技术创新活动作为基础和推动力,金融支持对企业技术创新活动的开展具有重要的支撑作用,但是企业技术创新与社会资本特别是金融支持的关系这一主题的研究涉足甚少,而且过往研究没有细化企业发展阶段。由于企业成长阶段的不同必然会导致企业技术创新活动和企业社会资本强弱的差异,因此,进行科技金融网络支持下高技术企业全生命周期的成长机制的研究是很有必要的。可以以企业生命周期理论为基础,选择企业发展的三个典型阶段:创业期、成长期、成熟期为研究主体,分析以高技术企业发展不同阶段的科技金融网络的可能结构(网络规模、社会网络密度、网络异质性、关系嵌入类型、对强关系和弱关系的依赖情况),对科技金融网络建模,定量描述企业在不断成长的进程中科技金融网络的演化规律及其对企业成长的影响。

(5) 一般情况下,科技金融网络中信息共享机制的研究主要关注网络上节点信息的隐蔽性,对于科技金融网络提供金融支持和融资的各方面节点的信息共享及信息流动的研究较为少见。由于"科技金融"可以解释为金融推动科技创新网络的一种连接机制,政府通过财政资金嵌入金融交易结构,因此,揭示科技金融网络投融资企业和技术创新企业的连接关系和信息流动机制,对于增信科技型企业,降低金融机构的风险和交易成本具有重要意义,是有待深入研究的问题。

科技金融主体演化博弈研究

科技金融网络主体包括金融机构、科技型小微企业、政府、担保机构、科研机构、科技园区等，其中涉及资金供给与需求问题的研究主要围绕金融机构与科技型小微企业，本章将围绕这两方的演化博弈关系展开分析。

4.1 科技金融主体间演化博弈模型的构建

4.1.1 演化博弈主体构成

科技金融的供给主体为金融机构，资金需求主体为科技型中小企业。然而，科技型中小企业在融资过程中会面临评估难、质押难、处置难等突出问题，依托于科技金融网络，借助担保机构、科技园区、政府等多方力量，搭建信息与保障平台，通过专业服务，高效地破解了信息不对称等方面问题。

商业银行等金融机构为了规避风险，获得稳定收益，对中小企业科技金融融资持有消极态度，但依托于科技金融网络，在多方共同支持下，一定程度上降低了风险，提升了银行对中小企业科技金融放贷的意愿。

4.1.2 演化博弈模型假设

假设在科技金融网络中，存在金融机构群体 W 和科技型小微企业 Z，其中 W 依托于科技金融网络资源，在信贷风险可控的需求下尝试寻求与 Z 的协作。于是，当金融机构与中小企业发生利益冲突时，科技型小微企业可能遵守与金融机构协作合约的约定；也可能违反与金融机构协作合约的约定。假设 W 和 Z 实施战略博弈时，二者关于博弈战略空间分别是（合作，退出）以及（合作，退出）。且符合演化博弈论的基本假设，这里我们还假设：W 与 Z 所构成的合作系统进行自行演化，符合自然选择法则，不存在政府机构的组织干预；金融机构与科技型小微企业属于有限理性，若群体中其他成员与合作方群体中成员战略有所改变，将会根据改变随时调整自身所需战略，然而最优战略却不易寻找，战略调整也在不断试错,想要一次性对信息变化做到最优反应更是困难。

4.1.3 主体演化博弈模型的构建

4.1.3.1 变量设定与博弈矩阵

最初,双方群体在博弈时并非均处于(合作,合作)的纳什均衡,由此我们进一步假定:W 中选取合作决策的金融机构比例为 $x(0 \leq x \leq 1)$,Z 中选取合作决策科技型小微企业比例为 $y(0 \leq y \leq 1)$,选择非合作战略或者退出协作的金融机构比例为 $(1-x)$,科技型小微企业比例为 $(1-y)$, $x = x(t), y = y(t)$, t 代表时间,即和均为时间 t 的函数。V_w、V_z 分别表示金融机构与科技型小微企业在不合作的情形下,独自进行科技金融赚取的净收益;C_w、C_z 分别代表金融机构和科技型小微企业为科技金融合作而支付的成本(寻求成本、监督成本等);ΔV 表示二者均选择合作战略时,该合作联盟整体所产生的额外收益(优势互补和信息共享等所产生的价值增值,客户共享等所带来的新增服务收益);ΔV_w、ΔV_z 分别表示金融机构与科技型小微企业合作额外收益分配额,α 为额外收益的分配系数,并且 $\Delta V_w = \alpha \Delta V$,$\Delta V_z = (1-\alpha) \Delta V$;$S_w$、$S_z$ 分别表示金融机构与科技型小微企业,当一方选择合作战略但自身采取退出协作时赚取的投机收益(净收益),包含在采取退出战略之前由于发生合作所带来的成本(初始合作成本)的扣除;D_w 为当科技型小微企业选择退出战略但金融机构遵守合作协议所遭受的损失,D_z 为当金融机构选择退出战略但科技型小微企业选择合作战略的损失。此处所发生的损失 D_w 或 D_z 主要有:维持合作的机会成本、由于对方退出合作所产生的直接利益损失,包括自身信誉损失以及业务利润损失等,但都不包含之前由于合作而发生的成本 C_w 或 C_z。双方博弈收益矩阵如表 4-1 所示。

表 4-1　　金融机构与科技型小微企业的博弈收益矩阵

金融机构 \ 第三方质押平台	合作 (Y)	退出 (1-Y)
合作 (X)	$V_W + \alpha \Delta V - C_W$, $V_Z + (1-\alpha)\Delta V - C_Z$	$V_W - C_W - D_W$, $V_Z + S_Z$
退出 (1-X)	$V_W + S_W$, $V_Z - C_Z - D_Z$	V_W, W_Z

4.1.3.2 计算复制动态方程

复制动态方程是指某群体里选择特定战略的频数的动态微分方程。那么合作战略复制动态方程就是某群体选择"合作"战略的频数的动态微分方程，如果一群体选择合作战略的群体期望收益大于选择另一战略的群体期望收益，与此同时高于群体平均期望收益时，在种群内合作战略将会被模仿与复制。如表4-1所示，金融机构群体W与科技型小微企业群体Z，分别计算当采用合作战略时的复制动态方程。

算出金融机构采取合作战略时的复制动态方程。依据复制动态方程的公式，金融机构采用合作战略的复制动态方程是：

$$\frac{dx}{dt} = x[E(U_w)_x - \overline{E}(U_w)] \quad (1)$$

式中，$\frac{dx}{dt}$ 代表采用合作战略的金融机构在W群体中的比例随时间t所产生的变化率，$\frac{dx}{dt} > 0$，说明W中采取合作战略的金融机构比例随时间的推移而增大；$\frac{dx}{dt} < 0$，说明W中采取合作战略的金融机构比例随时间的推移而减小。$E(U_w)_x$ 表示金融机构选择采用合作战略的群体期望收益：

$$E(U_w)_x = y(V_w + \alpha\Delta V - C_w) + (1-y)(V_w - C_w - D_w) \quad (2)$$

$\overline{E}(U_w)$ 代表金融机构群体的平均期望收益：

$$\overline{E}(U_w) = xE(U_w)_x + (1-x)E(U_w)_{1-x} \quad (3)$$

式中，$E(U_w)_{1-x}$ 表示金融机构选择采用退出战略时的群体期望收益：

$$E(U_w)_{1-x} = y(V_w + S_w) + (1-y)V_w \quad (4)$$

由此得出，$\frac{dx}{dt}$ 和采取合作战略的金融机构在群体W里的比例为正比，也和 $E(U_w)_x$ 高出 $\overline{E}(U_w)$ 的差额成正比。将以上各个相关代表式代入式(1)中，得出金融机构采用合作战略时复制动态微分方程：

$$\frac{dx}{dt} = x[E(U_w)_x - \overline{E}(U_w)] = x(1-x)[E(U_w)_x - E(U_w)_{1-x}]$$
$$= x(1-x)[y(\alpha\Delta V + D_w - S_w) - (C_w + D_w)] \quad (5)$$

同理，科技型小微企业选择采用合作战略时的复制动态微分方程为：

$$\frac{dy}{dt} = y[E(U_z)_y - \overline{E}(U_z)] \tag{6}$$

式中，$\frac{dy}{dt}$ 代表采用合作战略的科技型小微企业在 Z 群体中的比例随时间 t 所产生的变化率，$\frac{dy}{dt} > 0$，说明 Z 中采用合作战略的科技型小微企业比例随时间的推移而增大；$\frac{dy}{dt} < 0$，说明 Z 中采用合作战略的科技型小微企业比例随时间的推移而减小。$E(U_z)_y$ 表示科技型小微企业采用合作战略的群体期望收益：

$$E(U_z)_y = x[V_z + (1-\alpha)\Delta V - C_z] + (1-x)(V_z - C_z - D_z) \tag{7}$$

$\overline{E}(U_z)$ 代表科技型小微企业群体的平均期望收益为：

$$\overline{E}(U_z) = yE(U_z)_y + (1-y)E(U_z)_{1-y} \tag{8}$$

式中，$E(U_z)_{1-y}$ 表示科技型小微企业选择采用退出战略时的群体期望收益为：

$$E(U_z)_{1-y} = x(V_z + S_z) + (1-x)V_z \tag{9}$$

由此得出，$\frac{dy}{dt}$ 和采用合作战略的科技型小微企业在群体 Z 里的比例为正比，也和 $E(U_z)_y$ 高出 $\overline{E}(U_z)$ 的差额成正比。把上面各个相关代表式代入式（6）中，得出科技型小微企业采用合作战略时的动态微分方程：

$$\frac{dy}{dt} = y[E(U_z)_y - \overline{E}(U_z)] = y(1-y)[E(U_z)_y - E(U_z)_{1-y}]$$
$$= y(1-y)\{x[(1-\alpha)\Delta V + D_z - S_z] - (C_z + D_z)\} \tag{10}$$

复制动态微分方程式（5）和式（10）为科技金融服务中，金融机构 W 与科技型小微企业 Z 这两个群体关于选择采用合作或者非合作战略时的演化动态。在式（5）、式（10）两个方程的基础上，将进一步对 W、Z 群体合作系统进行相关演化博弈均衡分析以及博弈均衡点稳定性分析。

4.2 科技金融主体间演化博弈均衡分析

4.2.1 演化博弈的均衡分析

ESS，即演化稳定战略，最早由生物学家梅纳德·史密斯提出，是指面临突变的情况下，某一群体面对所发生的突变情况，不断进行博弈后采取的某一最优稳定战略，这里的可能突变情况是指随机发生的扰动情况，也就是一些个体通过随机的方式选取与群体不同的战略的情况。本质为群体所选取的战略是符合最优期望收益的，并且可以除去任意发生突变的小部分群体的扰乱，且在群体博弈里，如果部分发生突变的个体博弈所获比原群体里个体所获的多，发生突变部分个体将改变群体战略选择、演变路径以及群体最后状态；相反，群体将会随着演化的过程而丢弃这些发生突变的个体所采用的战略。ESS确认方式：当获得两种群体详细战略增长率的复制动态微分方程后，依次计算未知比例偏导数，获取与之对应的雅可比矩阵，按照雅可比矩阵行列式的值与迹，对局部稳定性实施分析，从而判断具体战略是否为VVG演化稳定战略。

1. 对式（5）、式（10）两个复制动态微分方程求解。

通过求解可以得出金融机构W和科技型小微企业Z的5个关于其行为战略可能发生的纳什均衡点，分别为 $e_1(0,0)$、$e_2(0,1)$、$e_3(1,0)$、$e_4(1,1)$、$e_5\left(\dfrac{C_z+D_z}{(1-\alpha)\Delta V+D_z-S_z},\dfrac{C_w+D_w}{\alpha\Delta V+D_w-S_w}\right)$。

2. 根据式（5）、式（10）对 x 和 y 求偏导。

由此得出复制动态微分方程式（5）、式（10）的雅可比矩阵 J 如下：

$$J=\begin{bmatrix}(1-2x)[y(\alpha\Delta V+D_w-S_w)-(C_w+D_w)] & x(1-x)(\alpha\Delta V+D_w-S_w) \\ y(1-y)[(1-\alpha)\Delta V+(D_z-S_z)] & (1-2y)\{x[(1-\alpha)\Delta V+D_z-S_z-(C_z+D_z)]\}\end{bmatrix}$$

(11)

3. 求雅可比矩阵 J 的值 $\det J$ 和矩阵的迹 $\text{tr} J$。

$$\det J = (1-2x)[y(\alpha \Delta V + D_w - S_w) - (C_w + D_w)](1-2y)$$
$$\{x[(1-\alpha)\Delta V + D_z - S_z - (C_z + D_z)]\} - x(1-x)$$
$$(\alpha \Delta V + D_w - S_w)y(1-y)[(1-\alpha)\Delta V + (D_z - S_z)] \quad (12)$$

$$\text{tr} J = (1-2x)[y(\alpha \Delta V + D_w - S_w) - (C_w + D_w)]$$
$$+ (1-2y)\{x[(1-\alpha)\Delta V + D_z - S_z - (C_z + D_z)]\} \quad (13)$$

4. 对于每一个纳什均衡点，依次计算它的 $\det J$ 与 $\text{tr} J$，从而分析每一个点能不能成为实际中真能够实现的均衡点。依据雅可比矩阵特点，假如均衡点 $e_i(x_i, y_i)$（这里 $i = 1,2,3,4,5$ 且 $0 \leq x_i, y_i \leq 1$）的 $\det J > 0$ 且 $\text{tr} J < 0$，那么这个均衡点存在稳定性。按照这种思路，思考有关变量可以取到的值有哪些，依次判断以下情形的均衡稳定战略。

（1）若 $\alpha \Delta V - C_w > S_w$ 同时满足 $(1-\alpha)\Delta V - C_z > S_z$ 时，$e_i(x_i, y_i)$（$i = 1,2,3,4,5$）符合 $0 \leq x_i, y_i \leq 1$，因此，e_1、e_2、e_3、e_4、e_5 都为 W 与 Z 科技金融合作系统均衡点。详细情况见表 4-2。

表 4-2　　条件（1）下 W 与 Z 科技金融合作系统关于均衡点稳定性分析

均衡点	$\det J$	$\det J$ 符号	$\text{tr} J$	$\text{tr} J$ 符号	稳定性
$e_1(0,0)$	$(C_w + D_w)(C_z + D_z)$	正	$-(C_w + D_w) - (C_z + D_z)$	负	稳
$e_2(0,1)$	$(\alpha \Delta V - C_w - S_w)(C_z + D_z)$	正	$(\alpha \Delta V - C_w - S_w) + (C_z + D_z)$	正	不稳
$e_3(1,0)$	$(C_w + D_w)[(1-\alpha)\Delta V - (C_z + S_z)]$	正	$(C_w + D_w) + [(1-\alpha)\Delta V - (C_z + S_z)]$	正	不稳
$e_4(1,1)$	$(\alpha \Delta V - C_w - S_w)[(1-\alpha)\Delta V - (C_z + S_z)]$	正	$-(\alpha \Delta V - C_w - S_w) - [(1-\alpha)\Delta V - (C_z + S_z)]$	负	稳
$e_5\left(\dfrac{C_z + D_z}{(1-\alpha)\Delta V + D_z - S_z}, \dfrac{C_w + D_w}{\alpha \Delta V + D_w - S_w}\right)$	$\dfrac{-(C_w + D_w)(\alpha \Delta V - C_w - S_w)}{\alpha \Delta V + D_w - S_w}(C_z + D_z)\dfrac{(1-\alpha)\Delta V - (C_z + S_z)}{(1-\alpha)\Delta V + (D_z - S_z)}$	不定	0		鞍点

通过表 4-2 详细列示，我们可以发现，如果金融机构与科技型小微企业合作融资而双方赚取的额外净收益都比较大，在这里比较的对象为"对方采用合作的战略但是自身却退出协作时获取的投机收益额"。W 与 Z 科技金融合作系统的演化稳定战略有两个，分别为 $e_1(0,0)$ 与 $e_4(1,1)$。可以理解为，当系统处于稳定的状态时，两个博弈群体 W 和 Z 采用的战略也许为（非合作，非合作），也许为（合作，合作）。在这样的情况下，我们用图 4-1 来详细展示 W 与 Z 所产生的无限次博弈动态演化情况。

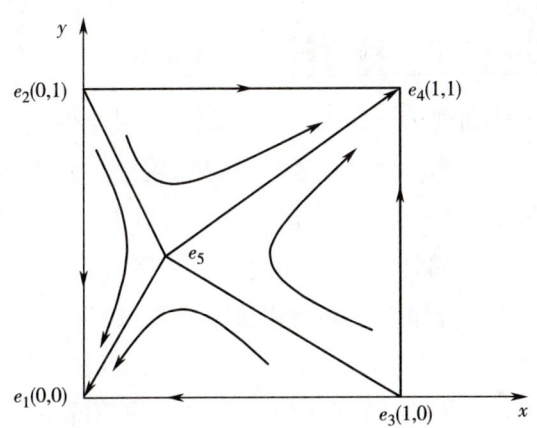

图 4-1　条件（1）下 W 与 Z 无限次博弈动态演化

（2）若 $\alpha\Delta V - C_w \leqslant S_w$ 同时满足 $(1-\alpha)\Delta V - C_z \leqslant S_z$，则 e_1、e_2、e_3、e_4 为 W 与 Z 科技金融合作系统均衡点。从 $\alpha\Delta V - C_w < S_w$ 可得出 $\dfrac{C_w + D_w}{\alpha\Delta V - S_w + D_w} > 1$，从 $(1-\alpha)\Delta V - C_z < S_z$ 可得出 $\dfrac{C_z + D_z}{(1-\alpha)\Delta V + D_z - S_z} > 1$，不符合 $e_i(x_i, y_i), 0 \leqslant x_i, y_i \leqslant 1$；假如 $\alpha\Delta V - C_w = S_w$ 同时 $(1-\alpha)\Delta V - C_z = S_z$，那么此时 e_4 与 e_5 重合，$e_5\left(\dfrac{C_z + D_z}{(1-\alpha)\Delta V + D_z - S_z}, \dfrac{C_w + D_w}{\alpha\Delta V + D_w - S_w}\right)$ 就不是均衡点了。详细情况见表 4-3。

表4-3　　　　条件（2）下W与Z科技金融合作系统
关于均衡点稳定性分析

均衡点	detJ	detJ符号	trJ	trJ符号	稳定性
$e_1(0,0)$	$(C_w+D_w)(C_z+D_z)$	正	$-(C_w+D_w)-(C_z+D_z)$	负	稳
$e_2(0,1)$	$(\alpha\Delta V-C_w-S_w)(C_z+D_z)$	负	$-(\alpha\Delta V-C_w-S_w)+(C_z+D_z)$	不定	鞍点
$e_3(1,0)$	$(C_w+D_w)[(1-\alpha)\Delta V-(C_z+S_z)]$	负	$(C_w+D_w)+[(1-\alpha)\Delta V-(C_z+S_z)]$	不定	鞍点
$e_4(1,1)$	$(\alpha\Delta V-C_w-S_w)[(1-\alpha)\Delta V-(C_z+S_z)]$	正	$-(\alpha\Delta V-C_w-S_w)-[(1-\alpha)\Delta V-(C_z+S_z)]$	正	不稳

通过表4-3详细列示，我们可以发现，如果金融机构与科技型小微企业合作融资而双方赚取的额外净收益都比较小，在这里比较的对象为"对方采用合作的战略但是自身却退出协作时获取的投机收益额"。金融机构与科技型小微企业都会采取退出合作的战略，此时$e_4(1,1)$没有稳定性。W与Z科技金融合作系统的演化稳定战略只有一个——$e_1(0,0)$。可以理解为，当系统处于稳定的状态时，两个博弈群体W和Z采用的战略也只剩一种情况（非合作，非合作），在这样的情况下，我们用图4-2来详细展示W与Z所产生的无限次博弈动态演化情况。

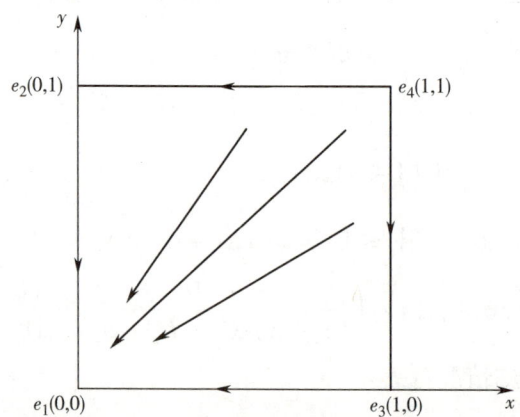

图4-2　条件（2）下W与Z无限次博弈动态演化

(3) 当 $\alpha\Delta V-C_w>S_w$ 且 $(1-\alpha)\Delta V-C_z<S_z$ 时，e_1、e_2、e_3、e_4 为 W 与 Z 科技金融合作系统均衡点。从 $(1-\alpha)\Delta V-C_z<S_z$ 可得出 $\dfrac{C_z+D_z}{(1-\alpha)\Delta V+D_z-S_z}>1$，不符合 $e_i(x_i,y_i)$，$0\leqslant x_i,y_i\leqslant 1$，因此在这里 $e_5\left(\dfrac{C_z+D_z}{(1-\alpha)\Delta V+D_z-S_z},\dfrac{C_w+D_w}{\alpha\Delta V+D_w-S_w}\right)$ 不属于均衡点。详细情况见表4–4。

表4–4　　条件（3）下 W 与 Z 科技金融合作系统关于均衡点稳定性分析

均衡点	det$J$	det$J$ 符号	tr$J$	tr$J$ 符号	稳定性
$e_1(0,0)$	$(C_w+D_w)(C_z+D_z)$	正	$-(C_w+D_w)-(C_z+D_z)$	负	稳
$e_2(0,1)$	$(\alpha\Delta V-C_w-S_w)(C_z+D_z)$	正	$(\alpha\Delta V-C_w-S_w)+(C_z+D_z)$	正	不稳
$e_3(1,0)$	$(C_w+D_w)[(1-\alpha)\Delta V-(C_z+S_z)]$	负	$(C_w+D_w)+[(1-\alpha)\Delta V-(C_z+S_z)]$	不定	鞍点
$e_4(1,1)$	$(\alpha\Delta V-C_w-S_w)[(1-\alpha)\Delta V-(C_z+S_z)]$	正	$-(\alpha\Delta V-C_w-S_w)-[(1-\alpha)\Delta V-(C_z+S_z)]$	正	不稳

通过表4–4详细列示，我们可以发现，如果金融机构与科技型小微企业合作融资而双方赚取的额外净收益不再均衡，金融机构赚取的额外净收益比较多，在这里比较的对象为"科技金融平台采用合作的战略但是金融机构却退出协作时获取的投机收益额"；科技金融平台赚取的额外净收益比较少，在这里比较的对象为"金融机构采用合作的战略但是科技金融平台却退出协作时获取的投机收益额"。科技型小微企业一定不合作，此时 $e_2(0,1)$ 没有稳定性。W 与 Z 科技金融合作系统的演化稳定战略只有一个——$e_1(0,0)$。可以理解为，当系统处于稳定的状态时，两个博弈群体 W 和 Z 采用的战略也只剩一种情况（非合作，非合作），在这样的情况下，我们用图4–3来详细展示 W 与 Z 所产生的无限次博弈动态演化情况。

(4) 当 $\alpha\Delta V-C_w<S_w$ 且 $(1-\alpha)\Delta V-C_z>S_z$ 时，e_1、e_2、e_3、e_4 为 W 与 Z 科技金融合作系统均衡点。从 $\alpha\Delta V-C_w<S_w$ 可得出 $\dfrac{C_w+D_w}{(1-\alpha)\Delta V+D_w-S_w}>1$，不符

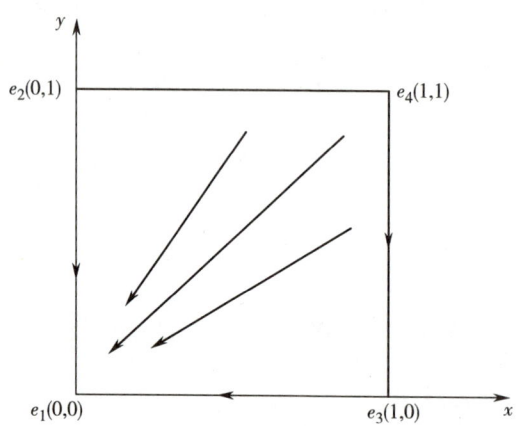

图 4-3　条件（3）下 W 与 Z 无限次博弈动态演化

合 $e_i(x_i, y_i)$，$0 \leq x_i, y_i \leq 1$，因此在这里 $e_5\left(\dfrac{C_z + D_z}{(1-\alpha)\Delta V + D_z - S_z},\ \dfrac{C_w + D_w}{\alpha \Delta V + D_w - S_w}\right)$ 不属于均衡点。详细情况见表 4-5。

表 4-5　条件（4）下 W 与 Z 科技金融合作系统关于均衡点稳定性分析

均衡点	det$J$	det$J$ 符号	tr$J$	tr$J$ 符号	稳定性
$e_1(0,0)$	$(C_w + D_w)(C_z + D_z)$	正	$-(C_w + D_w) - (C_z + D_z)$	负	稳
$e_2(0,1)$	$(\alpha \Delta V - C_w - S_w)(C_z + D_z)$	负	$(\alpha \Delta V - C_w - S_w) + (C_z + D_z)$	不定	鞍点
$e_3(1,0)$	$(C_w + D_w)[(1-\alpha)\Delta V - (C_z + S_z)]$	正	$(C_w + D_w) + [(1-\alpha)\Delta V - (C_z + S_z)]$	正	不稳
$e_4(1,1)$	$(\alpha \Delta V - C_w - S_w)[(1-\alpha)\Delta V - (C_z + S_z)]$	正	$-(\alpha \Delta V - C_w - S_w) - [(1-\alpha)\Delta V - (C_z + S_z)]$	正	不稳

通过表 4-5 详细列示，我们可以发现，如果金融机构与科技型小微企业合作融资而双方赚取的额外净收益不再均衡，科技型小微企业赚取的额外净收益比较多，在这里比较对象为"金融机构采用合作的战略但是科技金融平台却退出协作时获取的投机收益额"；金融机构赚取的额外净收益比较少，在这里比较对象为"科技金融平台采用合作的战略但是金

融机构却退出协作时获取的投机收益额"。金融机构一定不采取合作,此时 $e_3(1,0)$ 不具有稳定性。W 与 Z 科技金融合作系统演化稳定战略只有一个——$e_1(0,0)$。可以理解为,当系统处于稳定状态时,两个博弈群体 W 和 Z 采用的战略也只剩一种情况(非合作,非合作),我们用图 4-4 详细展示 W 与 Z 所产生的无限次博弈动态演化情况。

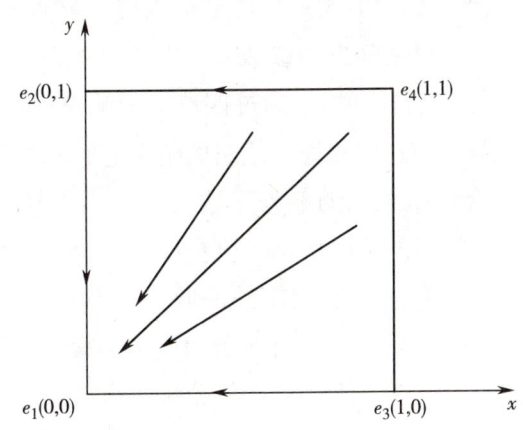

图 4-4 条件(4)下的 W 与 Z 无限次博弈动态演化

4.2.2 影响因素分析

根据 4 个条件下的 4 幅图可以看出,在金融机构与科技型小微企业合作融资时,如果双方参与者或其中任意一方赚取的额外净收益低于对方选取合作战略但自身却退出协作而赚取的投机收益时,双方在进行长期博弈过程中,演化方向唯有(非合作,非合作),仅当金融机构与科技型小微企业合作融资时,双方额外净收益都高于当对方采取合作战略但自身却退出协作而赚取的投机收益,双方在进行长期博弈过程中,演化方向不仅有(非合作,非合作),也许还会有(合作,合作)的情况。综上可知,稳定战略最重要因素为合作给二者赚取的额外净收益和二者退出协作所得到的投机收益。对图 4-1 进行分析可以得出,演化博弈结果为 $e_1(0,0)$ 或 $e_4(1,1)$ 取决于 W 与 Z 系统开始进行博弈时最初状态与鞍点 e_5 所处的位置。如果博弈最开始状态在 $e_2 e_5 e_3 e_4$ 区域里,那么系统演化最后组合为(合作,合作),也就是 $e_4(1,1)$,如果博弈开始状态在 $e_2 e_1 e_3 e_5$ 区域里,那么系统演化最后组合为（非合作，非合作），也就是$e_1(0,0)$。另外，系统朝着$e_1(0,0)$或$e_4(1,1)$演化的概率取决于$e_2 e_1 e_3 e_5$与$e_2 e_5 e_3 e_4$所形成面积的尺寸，$e_2 e_5 e_3 e_4$所围图形尺寸越大，$e_2 e_1 e_3 e_5$所围图形尺寸就越小，那么系统朝着$e_4(1,1)$演化的可能性就比$e_1(0,0)$大，相反的情况，$e_2 e_1 e_3 e_5$所围图形尺寸越大，$e_2 e_5 e_3 e_4$所围图形尺寸就越小，那么系统朝着$e_1(0,0)$演化的可能性就比$e_4(1,1)$大。在这里可以得出鞍点e_5的所在影响着两块图形尺寸大小，支付矩阵里面参数C_w、C_z、S_w、S_z、D_w、D_z、ΔV和α的值与改变影响着鞍点e_5的所在。以下通过四点对影响 W 与 Z 科技金融合作系统所形成的演化路径和它们的稳定战略的情况进行总结与分析。

（1）二者通过合作所赚取的额外净收益。二者选择通过合作后赚取的额外净收益越多，吸引的金融机构与科技型小微企业参与到合作战略中的数量越多（在这里，合作赚取的额外净收益必须公平分配，即额外收益分配系数α与二者选择合作而各自花费的成本因素C_w以及C_z）。若想长期维持稳定的合作关系，首先需要相互帮助从而得到资源共享与各方专业特长互补产生的价值增长，其次在合作的过程中互助创新，进一步发现未来也许会衍生的价值增长点，然后完成相对高的ΔV（合作产生的额外收益），同时二者要兼顾相对低的合作成本以及自身产生的成本，最后商议最合适的合作收益分配系数α。

（2）二者自身退出协作产生的预期投机净收益S_w、S_z，所指的对象是开始时就已经进行合作的金融机构与科技型小微企业。如果一方选择合作而另一方选择退出时，退出的一方赚取的投机净收益越低，这个合作联盟将越稳定。为了使合作联盟更稳定，需要减少每一方退出协作而赚取的预期投机净收益，可以加强比较严格的监督机制，二者相互制约以降低一方合作而另一方退出为自己赚取利益的可能；还可以采用增加合同里的违约金以及较大的惩罚机制来增加放弃合作所产生的成本。

（3）将二者合作产生的额外净收益和二者选择退出的预期投机净收益进行比较（S_w和$\alpha\Delta V - C_w$比较，S_z和$(1-\alpha)\Delta V - C_z$比较）。对于系统演化来说，这两对因素相互比较的结果直接关系着系统演化路径图以及演化稳定战略点的个数，仅当$\alpha\Delta V - C_w > S_w$以及$(1-\alpha)\Delta V - C_z > S_z$同时满足时，系统也许会朝着（合作，合作）稳定均衡点演化，否则金融机构与科技金融平台合作的情况只能是短期的。

（4）合作方因为退出方退出产生的损失 D_w 与 D_z。所指的对象为开始时就已经进行合作的金融机构与科技型小微企业。如果一方预估另一方选择退出后自己会遭受较大损失，就会为了维护自身的利益想抢先退出合作联盟，就算不想抢先退出，肯定会为了防止另一方突然退出而付出更多的预防或者监督成本，如此将会降低长期稳定合作的可能性。通过模型我们可以得出：如果 D_w 或者 D_z 增长了，那么条件（1）里鞍点 $e_5 = \dfrac{C_z + D_z}{(1-\alpha)\Delta V + D_z - S_z}$ 将随着 D_z 变大然后增长或者 $e_5 = \dfrac{C_w + D_w}{\alpha \Delta V + D_w - S_w}$ 将随着 D_w 变大然后增长，在这种情况下，鞍点 e_5 在图 4-1 坐标里将右移、上移或者发生右上移（右移的情况仅仅为 D_z 增加、上移的情况仅仅为 D_w 增加、右上移的情况为仅仅 D_z 与 D_w 一起增加），这样一来缩小了 $e_2 e_5 e_3 e_4$ 所围的面积，减小了系统向战略组合为 $e_4(1,1)$ 演化的概率。因而在制定合作合同时可以通过增加对受损方赔款金额的方式，使受损方的损失得到补偿，还增加了一方退出合作协作所进行投机的预计成本，这样一来就增加了 W 与 Z 群体里采用合作战略的可能性。

4.3 针对主体间合作的监督与惩罚机制博弈分析

4.3.1 增加奖惩机制博弈分析

本章列示了上述四种情况，对 S_w 和 $\alpha\Delta V - C_w$，S_z 和 $(1-\alpha)\Delta V - C_z$ 进行比较，分析在不同条件下 W 与 Z 科技金融合作系统关于均衡点的稳定性，并就不同条件下 W 与 Z 无限次博弈动态演化路径进行分析。但主体间往往会为了寻求自身利益最大化而出现投机主义行为，违反合作，从而获取投机收益。因此，在这里本章根据上述情况，通过监督与惩罚机制的博弈分析，约束以及弥补主体一方在合作过程中为了获取投机利益而退出给整体联盟以及对方造成的损失。假设在合作过程中，退出一方应当受到惩罚，罚金 Q 将给予合作一方作为补偿（双方都不合作，则不存在罚金，只有单独从事业务带来的收益）。具体博弈模型如表 4-6 所示。

表 4-6　奖惩机制下金融机构与科技型小微企业合作博弈收益矩阵

金融机构 \ 第三方质押平台	合作（Y）	退出（1-Y）
合作（X）	$V_w + \alpha\Delta V - C_w$, $V_z + (1-\alpha)\Delta V - C_z$	$V_w - C_w - D_w + Q$, $V_z + S_z - Q$
退出（1-X）	$V_w + S_w - Q$, $V_z - C_z - D_z + Q$	V_w, V_z

此时，金融机构选择"合作期望收益"、"不合作期望收益"、"平均期望收益"分别为：

$$E(U_w)_x = y(V_w + \alpha\Delta V - C_w) + (1-y)(V_w - C_w - D_w + Q) \quad (14)$$

$$E(U_w)_{1-x} = y(V_w + S_w - Q) + (1-y)V_w \quad (15)$$

$$\overline{E}(U_w) = xE(U_w)_x + (1-x)E(U_w)_{1-x} \quad (16)$$

科技型小微企业选择"合作期望收益"、"不合作期望收益"、"平均期望收益"分别为：

$$E(U_z)_y = x[V_z + (1-\alpha)\Delta V - C_z] + (1-x)(V_z - C_z - D_z + Q) \quad (17)$$

$$E(U_z)_{1-y} = x(V_z + S_z - Q) + (1-x)V_z \quad (18)$$

$$\overline{E}(U)_z = yE(U_z)_y + (1-y)E(U_z)_{1-y} \quad (19)$$

金融机构与科技型小微企业的复制动态方程分别是：

$$\frac{dx}{dt} = x[E(U_w)_x - \overline{E}(U_w)] = x(1-x)[E(U_w)_x - E(U_w)_{1-x}]$$
$$= x(1-x)[y(\alpha\Delta V + D_w - S_w) - (C_w + D_w) + Q] \quad (20)$$

$$\frac{dy}{dt} = y[E(U_z)_y - \overline{E}(U_z)] = y(1-y)[E(U_z)_y - E(U_z)_{1-y}]$$
$$= y(1-y)\{x[(1-\alpha)\Delta V + D_z - S_z] - (C_z + D_z) + Q\} \quad (21)$$

此时，S_I 为增加奖惩机制后 $e_1 e_2 e_5 e_3$ 区域面积，S'_I 为不设奖惩机制 $e_1 e_2 e_5 e_3$ 区域面积，$\left(S_I = \frac{1}{2} \left[\frac{C_w + D_w - Q}{\alpha \Delta V + D_w - S_w} + \frac{C_z + D_z - Q}{(1-\alpha)\Delta V + D_z - S_z} \right] - S'_I = \frac{1}{2} \left[\frac{C_w + D_w}{\alpha \Delta V + D_w - S_w} + \frac{C_z + D_z}{(1-\alpha)\Delta V + D_z - S_z} \right] \right) < 0$，因此增加奖惩机制后，区域 $e_1 e_2 e_5 e_3$ 面积小于不设奖惩机制 $e_1 e_2 e_5 e_3$ 区域面积，即 $S_I < S'_I$，双方合作的概率大于不合作的概率。由此可知，增加奖惩机制后，在长期博弈中，双方更趋向于合作。

4.3.2 奖惩机制博弈结果

当 $Q > C_w + D_w$ 同时满足 $Q > C_z + D_z$ 时，合作系统均衡点有 $e_1(0,0)$、$e_2(0,1)$、$e_3(1,0)$、$e_4(1,1)$ 这四个。通过稳定性定理可以得出 $e_4(1,1)$ 为 W 与 Z 科技金融合作系统的演化稳定战略，具体博弈演化如图 4-5 所示。

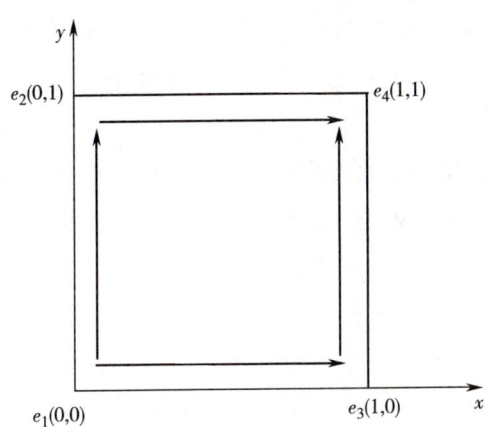

图 4-5 奖惩机制下主体间博弈演化

当在合作系统中添加监督、奖惩机制后，只要惩罚金额足够弥补合作方因对方退出而获得的损失，在这里可以表示为 $Q > \{C_w + D_w, C_z + D_z\}$，那么在双方长期博弈的过程中，将会出现 $e_4(1,1)$，即（合作，合作）的结果。即使在初始状态下，金融机构与科技型小微企业并未合作，但由于市场需求，双方会发现，在同等情况下，采取合作战略所获收益将大于单独从事业务所得，因此，金融机构与科技型小微企业就会改变原来的方式而寻求合作。在合作过程中，由于退出而需要赔偿的金额大于投机所得，且坚持合作方也会因一方退出而获得足够弥补损失的赔偿，从而合作意愿增加。由此，双方进行博弈的最终结果将会朝着长期稳定、合作共赢的方向发展，从而获得合作带来的超额收益。

4.4 演化博弈研究下的结果与建议

由于金融机构与科技型小微企业存在客户高度重叠及专业特长互补的特性，因此在利益与价值点上存在高契合度，双方共同参与科技金融活动，一方面可拓宽二者业务空间，另一方面可对双方利润增加点进行补充。当下我国创业公司不断崛起，科技型中小企业数量增长迅猛，国内越来越重视科技金融对中小企业的帮助，金融机构与科技型小微企业的合作必将带来双方的共赢。

（1）双方合作赚取的额外净收益、一方退出产生的预期投机净收益比较、双方合作后分别赚取的额外净收益、一方退出协作产生的预期投机净收益、双方通过合作得到的超额收益总数、双方因合作各自发生的成本以及额外收益分配系数都可能造成系统演化均衡及相应演化路径的改变。那么，若希望更多的金融机构与科技型小微企业进行合作，则需要有以下相关措施：①考虑如何加大合作收益而减小合作成本；②使参与双方合作净收益得到均衡分配及谨慎选取超额收益分配系数；③建立起合作双方的信任、增加受损方赔偿金额及退出合作方所支付的违约金。

（2）合作参与者自身额外净收益与双方预计投机净收益比较十分关键，只有在二者差额为正时，W 与 Z 系统才会出现向着（合作，合作）方向进行演进，反之合作任意参与方预计在退出合作投机净收益里能获取更多利益或与其进行合作时所获利益相等，金融机构与科技型小微企业在科技金融业务的长期合作就会很难维持。

(3) 假设合作参与者自身额外净收益与双方预计投机净收益比较结果值为正,那么"合作参与双方因一方参与者退出合作而发生的损失"这一因素也有一定可能性造成系统演化均衡及相应演化路径的改变,即决定系统向着(合作,合作)演化的概率。如果在制定合作合同时,增加违约方违约金,同时用这一高额违约金对受损方进行弥补,不仅可以降低退出合作方的预期投机净收益,还能弥补遵守合作协议方的损失,从而对合作联盟稳定性产生有利影响。

(4) 尽管近些年关于科技金融的相关法律制度不断完善,我国也在不断推进科技金融,为科技金融提供良好的法律环境,但依然存在较多问题,如体系框架不完整,科技金融规范程度不够,中小企业融资程序复杂,风险较高等,这些都会导致金融机构与科技型小微企业合作成本增加。因此,政府应强化对科技金融的引导与扶持,在力所能及范围内高效管控科技金融风险,帮助科技金融业务成为今后银行新的利润增长点,从而吸引更多的金融机构加入合作联盟中,也可通过政策激励方式、政策倾斜方式,引导金融机构与科技金融信息服务平台搭建连接各参与主体的公共科技金融服务平台,达到在线数据即时对接。

5
科技金融网络内知识转移与治理机制

能够获取、运用并创造新的、有价值的知识是提高科技型企业绩效、保持其竞争优势的关键。[①] 为了有效获取并运用外部知识，企业必须拥有特定的战略学习意图，以开拓进取的姿态和勇于学习的精神识别外在学习机会，寻找有效的外部知识源和信息源，提高知识转移效率。学习导向（Learning Orientation）是一种重要的战略导向，得到了战略管理与组织研究学者的极大关注，现有文献已证实学习导向对企业技术创新、企业绩效和组织竞争力的重要影响。[②③]

社会网络理论指出，当今企业都嵌套于复杂、动态的社会网络中。大多数现代企业都需要与各利益相关者，如供应商、经销商、政府机构、金融机构、顾客以及竞争者建立联系，利用那些根植于网络中的信任、友情、信息和其他社会资本来促进知识的交换与资源共享，因而嵌套于企业关系网络中的社会关联（Social Ties）将在组织学习中产生重要的影响。Webster同时指出，学习的愿望包含了与顾客、供应商和其他市场参与者建立良好的关系。

5.1 社会网络视角的知识转移与企业创新

对知识概念的定义可以来自多个学科视角：哲学视角、管理视角、信息视角、教育视角、技术视角、资源视角等。在多种视角透视下，知识概念呈现一种"万花筒"式的现象，它既是人类对自然规律和社会规律的真理性认知，又是人类独有的创造和发明，更是现代社会赖以生存和发展

---

① Nonaka I., Takeuchi H. The Knowledge Creating Company: How Japanese Companies Create the Dynamics of Innovation [M]. New York: Oxford University Press, 1995.

② Mavondo F. T., Chimhanzi J., Stewart J. Learning Orientation and Market Orientation: Relationship with Innovation, Human Resource Practices and Performance [J]. European Journal of Marketing, 2005, 39 (11/12): 1235 – 1263.

③ Kwon Y. Learning Orientation, Dynamic Capabilities and Performance in Korean High – tech Ventures [J]. Advances in Management, 2013, 6.

的社会基础资源。

5.1.1 知识与知识转移

知识的复杂性使其在哲学范畴上很难获得普遍认同的定义。1966年，波兰尼首次从分类学角度对知识的概念作出解读，他创造性地将知识分为隐性知识（Tacit Knowledge）与显性知识（Explicit Knowledge）。隐性知识包括企业或企业家的"人品"、信誉、竞争优势和市场地位等"软信息"，基于此，本书在某种意义上把"知识"与"信息"的内涵等同，从而，知识转移也可以被理解成信息传递或流动。

此后，知识创造、转化、利用等模型逐渐产生，其中最知名的模型当属日本学者野中郁次郎和竹内于1991年提出的SECI模型，包括Socialization（社会化）；Externalization（外化）；Combination（整合）；Internalization（内化）。他们认为不同组织层面上隐性知识和显性知识的不断转换所产生的螺旋式过程是知识创造和再创造的关键。

除了SECI模型外，斯德哥尔摩经济学院的Gunnar Hedlund在1994年提出过N形组织的概念，他指出知识管理包括个人、群体、组织和跨组织四个层次和各自对应的两类知识（隐性知识和显性知识），以及知识传递和转化的动力。

知识转移的早期研究在某种程度上源自信息处理和组织设计研究。从信息处理理论来看，信息流动是对任务不确定性的组织响应，任务不确定性是由于执行任务所需的信息量和组织已经拥有的信息量之间存在差异。从组织设计角度来看，信息的摄取是由组织的层级关系决定的。而层级关系如何通过正式和非正式的渠道，潜移默化地影响信息摄取就不得而知了。

知识是一个企业核心竞争力的载体，它的转移会在企业的社会网络中发生。Teece最早提出知识转移这一理论，在他之后，很多学者陆续提出了各种模型进行知识转移的研究。随后在1996年，Szulanski提出了知识转移的四种模型过程，分别是开启、实现、调节、整合。Szulanski指出知识具有嵌入性的特点，知识来自企业的行为习惯、组织形式、工作目标、行为准则以及社会网络,它们在转移上都是很有难度的。知识嵌入的内容包括四个方面,即知识来源者、知识、知识接收者以及知识转移条件等。1999年,Vito Albino分析出了知识转移的评析架构,即转移的对象、内容、条件以及方法这四项。到了2003年,Jeffery等通过总结已有的研究,构建了一个简化的知识转移模型,这个模型是由知识源、知识受体、知识自身以及转移情景四项组成的。

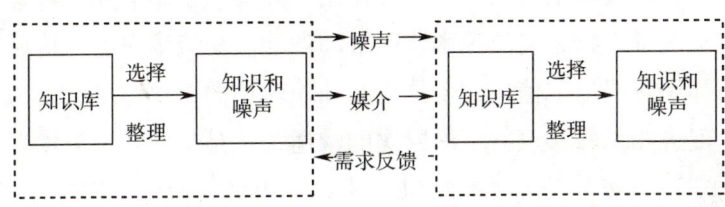

图5-1 知识转移示意图

观察知识转移示意图可以发现,知识提供方会根据知识接收方的要求和反馈,整理自己的知识,再通过媒介有选择地传播。知识是无形的,但知识可以以多种形式来呈现,知识提供者在传播知识的过程中,会受到外界环境的干扰或阻碍,导致传播的知识出现噪声,同时知识在媒介传播的过程中也会受到外界环境的影响。所以,知识接收者在接收知识时首先要对知识进行甄选和过滤,去除噪声的影响,根据自己已有的知识和经验对接收到的知识进行判断和理解,再在吸收知识的过程中不断对知识进行判断、创新,就形成了自己所拥有的知识。在知识转移进行完后,知识接收方会针对自己对知识的吸收和理解情况对知识提供者进行反馈。知识是一种动态性的信息,所以知识转移的过程也是动态的。从图5-1中能够发现,有时候知识接收者的真正需求不能够准确地传达给知识提供者,知识提供者传播的知识也不一定能准确完整地被知识接收者吸收,二者的知识转移过程都会受到影响,同时也会影响到整体的知识转移状况。

通过检索国内外的文献发现,以社会网络为视角来看,进行知识转移研究的文献不是很多,尤其是专论知识转移的相关文献非常少。早期的知识转移文献比较关注两个个体的关系对知识转移的影响,尤其重点关注知识提供者和知识转移者之间的关系以及关系强度。然而，虽然这种二元层次的关系被进行了大量和深层次的研究，基于多元关系的社会关系网络视角下的知识转移模式却与二元层次的不完全相同。二元层次的关系不能反映出具体详细的情况。因此，只关注二元关系中的知识转移显得过于简单，因此许多学者就从社会网络视角开始对知识转移进行研究。

2004年，国内对于社会网络的知识转移开始研究，田慧敏探讨了促进隐性知识转移过程中弱联系的主要作用，并提出了影响知识转移的五个因素，包括关键人物、交流频率、网络动态性、交流集中度、传递效率和效果。高祥宇等提出了信任对个体之间知识转移的重要作用，分为三个方面：一是促进知识转移双方更深层次的沟通，二是帮助知识提供者划分清楚自己的知识领域，三是促进知识转移双方积极的交流。邝宁华等指出，处于强联系状态的个体或组织有非常好的表达能力和知识吸收能力，同时可以帮助实现个体或组织之间的频繁联系、及时沟通、深入交流以及合作等，最终实现降低外部复杂知识转移过程中出现的困难。

在随后的研究中，国内学者又提出了社会网络对知识转移产生影响的三种机制，分别是信息机制、交换机制和互惠机制。周密等的研究指出，社会关系对知识转移活动的影响可能不是直接的，但是社会关系的存在使得个体之间能够有更多接触新知识的机会，社会关系的存在会增强个体之间进行知识转移的意愿，在一定程度上改变了个体学习知识的方法，进而呈现影响知识转移的状态，所以在进一步的研究中应该对知识转移的因果机制进行分析。陶洋、海龙等把社会资本、网络和知识转移联系在一起，分析了社会网络中的社会资本维度是怎样影响个体或组织在社会网络中获取知识的，以及如何促进社会网络成员之间的知识转移。社会网络的组成成员之间的关系程度以及可接近的程度，会对知识转移的灵活度和容易程度产生影响；社会关系维度包含的内容中最主要的就是信任，当一种关系处于信任或是互惠状态时，就更加能促进知识转移。

专门以知识转移的影响因素为主题的研究也取得了一定成果。一个完整的知识转移过程是由很多嵌入性的因素构成的，分别是知识提供方、转移渠道、被转移的知识、知识接收方。一次成功的知识转移过程会受到三种因素的影响，分别是动机、能力和机会。Dixon 提出团队或组织间知识转移的影响因素有知识提供者团队和知识接受团队间环境和目标的相似程度、被转移的知识类型、知识接收团队的吸收能力和态度。Szulanski 是从知识提供者、知识、知识接收者以及他们所处的环境四个方面来分析知识转移的影响因素。他通过具体的调查分析得出：知识转移的影响因素主要有知识转移双方的关系、知识接收者的吸收能力和知识的特性三个。

5.1.2 知识转移与技术创业

由外部关系所构成的组织网络在基于知识密集型的技术创业过程中发挥着重要的作用（Gulati 等，2000）。企业组织也需要有计划地做好知识的管理工作，虽然在组织中创造、编码、储存、分配、交换、整合知识以及有效地使用知识是众所周知的，但在管理实践中对于科学知识的聚焦则越来越明显，而企业也越来越需要依靠专家的胜任力以及员工的认知及专业技术能力，可是企业组织内部所能够拥有的资源和能力毕竟有限，因此，即使在当前的知识经济时代，企业间的互动关系、组织网络在保持企业竞争优势中依旧发挥着重要的作用。Kenney 和 Richard Goe（2004）通过分析比较美国斯坦福大学与加州大学伯克利分校周围所衍生出的众多科技型企业，它们嵌入的网络环境对其自身的技术创业过程产生重要影响，科技型企业创业之初所面临的学术环境、风险资本等众多资源对于一个即将创业的企业来说是一个松散的网络，而一旦嵌入这些网络的某个节点，那么这些网络实际上是一个相关关联的利益网络，这些网络在支持技术创业及其他创业中发挥着要的作用。

1944 年，有嵌入性（Embeddedness）之父称誉的波兰尼，最早提出了"嵌入"的观点。他认为市场嵌入社会关系之中是人类活动本质和普遍逻辑，人类经济行为也往往都植根于人类的社会关系当中，因此，他提出了经济的整体性嵌入观。该观点在某种意义上而言，是对新古典经济学思想中将经济狭隘地等同于理性、自利和效用最大化行为甚至直接与市场画等号做法的一种批判。嵌入观点认为，新古典经济学严重地扭曲了经济和市场的社会性本质特征。

嵌入的观点强调具体关系以及关系网络（或称关系结构）能产生信任，防止欺诈。众所周知，任何个人或企业都愿意同信誉良好的个人或企业打交道，这说明，人们并不满足于新制度经济学所主张的制度设计以及隐性契约"普遍道德"来规范人们之间的商业行为，以及其所产生的防弊功能。现实之中，人们只有在无可奈何的情形下，才去依赖"一般商品"式的信息来进行交易；相反，人们都会寻求通过关系网络所提供的更好、可靠的信息来决策和行动。这些信息更好、可靠主要基于四点原因：一是成本很低；二是一个人或组织最信得过自己的亲身经验，这种信息最丰富、详尽而且精确；三是一个人或组织如果与交易对方之间有持续的交易关系，就会有保持彼此诚实的动机，以免伤害到未来更多的交易；四是除了纯粹的经济动机外，个人或组织之间长期的经济关系通常会带来社会满意和满足，进而促使彼此的信任关系并避免机会主义。简言之，网络嵌入是指单个主体的经济行为嵌入在当前人际关系网络中的某些要素中，如规则性期望、相互赞同的渴求、互惠性原则等。Uzzi 和 Gillespie（2002）将企业网络嵌入定义为：嵌入在社会网络关系上的跨企业的联结关系。

网络嵌入的理论也能够很好地解释在一个产业的"边缘"为何会存在大量的中小型企业？直观的判断是大量中小型企业的存在能够很好地降低大型企业进行不必要的纵向或横向整合的压力，为嵌入在产业网络中的商业关系网络可以很好地帮助中小企业生存下去。但是不可忽视的是，嵌入在产业网络中的中小公司，也可以被大公司用来很好地消散商业周期波动以及巨额研发开支可能造成的技术创新风险；网络嵌入观点也可以有效地回答为什么一些中小企业并不总是处于网络的边缘，却往往能表现出惊人的创新和创业能力。

网络对于创业者的创业进程的一个关键性作用就是为其提供信息和咨询。关键节点对于风险资本家和专业服务机构来说，是有效利用关键智力和市场信息的途径（Freeman, 1999）。大量关于创业者的研究一致指出通过网络可以获取有效识别和捕捉创业机会的信息和创意。而个人之间以及组织之间的关系又可以被网络之中的行动体视为一种获取各种（其他行动体所拥有的）不同资源的媒介。除了能够获取特定的资本外，许多研究将研究的视角集中于创业者如何通过网络获取无形资源。比如说，网络关系可以为创业者的风险承担力提供一种情感上的支持（Bruderl 和 Preisendorfer，1998），反过来，这种风险承担力能够提升创业者在创业过程中持之以恒的决心和毅力。

对于网络的依赖不仅限于创业的初期阶段，创业者还需要持续依赖网络获取商业信息、咨询和问题的解决方法，以及提供多元化资源的途径和方法（Johannisson 等，1994）。在不确定和动态条件下所开展的创业活动，与之相关的资源拥有者（潜在的投资者和雇员）可能会搜寻信息来帮助他们评估创业活动的潜在风险。创业者也会通过网络中的知名人士和组织（企业）对这些创业活动进行风险的评估，以此降低创业的风险。

5.1.3　知识转移与企业创新网络

20世纪90年代以来，产品生命周期不断缩短，企业技术变革加快。传统的企业独立内化的创新模式已无法适应当今激烈竞争的需要。在信息技术的助推下，企业通过契约协议、社会关系等纽带与大学、研究机构、政府、资本市场以及中介机构连接形成合作组织，将内外部创新资源结合起来，网络式集成创新成为全球范围内企业组织发展的新趋势。企业创新网络理论认为（Williamson，1985；Gordon、Bruce 和 Weijian，1997），企业与外部组织机构建立的彼此信任、互惠互利的合作制度，是一种高效创新模式，这种特有的模式表现出复杂性特征。

随着社会学相关理论逐渐渗透到经济学领域，社会网络成为解释复杂网络现象的有力工具。该理论认为创新网络是一种长期的、有目的的自组织活动，能够实现技术的非线性跃升（王大洲，2001）。同时，受社会网络结构性嵌入的影响，过度紧密的关系也会导致网络群体思维的形成，使网络整体表现出对外部新事物的排斥（Uzzi，1997），这一结论很好地解释了创新网络的衰落。

企业创新网络是一定区域内的企业与各行为主体（大学、科研院所、地方政府、中介机构、金融机构等）在交互式的作用中建立的相对稳定、能够激发创新、具有本地根植性、正式或非正式的关系总和。创新网络既可以规避高额的市场交易费用，又可以避免较高的组织成本，是解决快速变化市场环境下技术创新问题的一个最佳模式（Clark 和 Guy，1998），是应付系统性创新的一种基本制度安排，并具有非正式和隐含性的关系特征 Freeman（1991）。因此，创新网络的形成是社会活动的随机模式逐渐转变为组织制度化模式的过程。

社会网络是由一组特殊类型的社会关系，如友谊、交易关系、成员资格等联系起来的节点（如个人或群体）形成的网络。该理论目前已经超越了个人间关系的范畴，将经济组织和社会团体等涵盖进来，通过用企业间关系代替社会关系，用企业节点代替个人节点，建立起企业间网络的概念，将企业组织行为由单纯的市场价格协调结果转变为市场与社会规范协同作用的结果，成为古典经济学的有益补充（Davern，1997）。随着网络组织创新活动的大量涌现，Drejer 和 Jorgensen（2005）进一步指出，社会网络对创新网络跨区域协作发挥了重要作用，包括基于文化认同感的高效信息流动，基于相互信任的创新合作，社会网络与创新网络实现了有效融合。社会网络对创新网络的分析可以从联系方法和结构方法两方面入手。

（1）"联系方法"对企业创新网络的诠释

社会网络"联系方法"的维度被视为社会资本，联系方法关注的是特定的自我和他的至交之间的双重关系。联系方法将网络中创新主体间的联系解释为一种资源依赖关系。企业与网络中其他成员通过各种特征的关系进行链接，不同形式的资源则通过这些连接在网络中流动，推动了创新网络的形成（Gulati 和 Ranjay，1998）。Lenders 和 Gabbay（2001）认为网络资源贡献了组织大部分的绩效，并通过实证研究确认了企业与其他组织（包括风险投资公司、研究机构、创业协会等组织）的联系有助于企业的成长。从联系强度出发，网络中表现出强联系和弱联系。节点之间的关系如果是重复性、相对固定、持续性的就是强联系，强联系能够帮助网络成员应对市场环境中各种不确定性的冲击，由强联系获取的资源是很有价值的，因为经验型知识转移一般只发生在高度信任的企业之间，有利于企业技术的利用式创新。节点之间的关系如果是非重复性、非固定、非持续性的则是弱联系，弱联系的主体之间存在着较大差异，有助于企业技术的探索式创新（蔡宁等，2008）。由此，社会网络的联系方法为网络中的个体提供了获取资源的两种途径。

社会网络"联系方法"中的强联系体现出其在提高创新主体间协作程度的同时，也使隐性知识能够被充分共享，降低了参与成员的交易成本，促进了网络资源的流动。弱联系则提高了信息冗余度，丰富了网络资源。Dyer 和 Singh（1998）进一步指出，网络资源为企业竞争带来的相对优势体现为"网络租金"，能够形成相对网络组织外部的垄断利润，其中特定战略联盟伙伴的专属性投资是网络租金的重要来源。这种专属性投资不仅使创新主体获得了关键资源，而且这些资源又深深地嵌入他们的惯例之中。

（2）"结构方法"对企业创新网络的诠释

"结构方法"关注的是个人嵌入其所在的关系结构以及这些特定结构带来的利益。受 Granovetter（1973）弱联系力量理论的启发，Burt（1992）采用结构主义视角提出了结构洞理论。这一理论是指如果某企业与许多彼此不相连的个体有联结，那么这种结构对该企业将非常有利；如果能作为两个互不关联簇群间的桥梁，则这种结构带来的收益将进一步放大。结构洞为行动者提供了玩弄信息资源从而获利的空间，是一个网络间的"好位置"（罗家德，2005）。在现实的创新网络中，网络成员不可能两两都发生联系，因此结构洞在网络中是普遍存在的。占据结构洞位置的节点可以接触彼此不相连的合作伙伴，获得更多的非重复信息，并具有持有和控制信息的优势（Burt，1992）。该理论强调企业或企业家通过连接与其不同的、一定程度上相互隔断的创新主体为企业成长提供资源。所以，企业成长所需的资源是与企业所处的网络结构演变相联系的，网络中结构洞的存在提高了网络信息的冗余度，加快了异质信息的传递。

社会网络"结构方法"从结构主义视角阐述了网络结构对企业竞争优势的影响，盛亚等（2009）将结构洞分为自益性结构洞和共益性结构洞，自益性结构洞重点在于创新网络中的主体怎样通过网络的重构来建立以自我为中心的结构，使自己接近创新网络中更多的资源，另外的主体必须通过它才能与对方发生联系，从而获得信息优势和控制优势，于是它就成了一个得利者。共益性结构洞则是指创新网络中的一些主体由于某种原因不能发生直接联系或直接联系需要很大的成本，为了整个创新网络效率的提高，需要在它们之间建立结构洞，由此产生的结构洞占据者会促进多赢格局的形成。以上两类结构洞为企业获得了位置优势，暗示了网络成员出于自益性或共益性目的，竞相争取外部联系以便控制更多的网络资源。

需要指出的是，新创企业本身具有"新"和"小"的缺陷，资源和能力都需要从外部获取和培养。如同身陷"盘丝洞"，面对丰富的社会网络资源，有些创业企业不是缺乏网络资源而是需要提高优质网络资源识别能力，如何应对变幻莫测的经营环境，如何适度地嵌入社会网络、获取充足优质的社会资源，如何提升企业的适应能力，解决这些问题对于新创企业的快速成长有重要的理论和现实意义。

专栏5-1　上海科技金融服务平台

目前，上海科技金融服务平台（以下简称平台）已与15家银行、8家保险公司、31家投资公司、8家投资咨询服务机构建立了合作关系。已建立了9个科技金融服务站和一支189人的"科技金融专员"及"科技信贷员"以及一支80人的科技金融专家队伍。

1. 金融服务平台的总体设计

以打造上海市科技金融信息服务平台（www.shkjjr.cn）为主干，网上主打信息发布和服务申请两大功能，网下建立由科技金融服务站、科技金融专员（科技金融专家、科技信贷员）组成的科技金融服务团队，通过平台将网上网下的服务和资源有机结合，构成覆盖上海全市的闭环O2O科技金融服务体系。

平台的作用主要体现在：一是信息共享。包括科技企业信息、政策资金信息、金融产品信息、融资动态和统计研究信息。二是金融服务。通过线上线下等多种方式，为企业和金融机构提供融资申请、项目对接、专家咨询、科技企业信用评价服务。

> 2. 金融服务平台的特色
> 一是服务范围"全覆盖"。科技金融服务站在全市范围内的科技金融服务实现"全覆盖";"科技金融专员"的服务则突出"零距离",为企业寻找合适的科技金融产品,提供量身定制的科技金融服务。
> 二是多方参与共建。市科委与市金融办、市经信委、上海"一行三局"等相关政府部门参与共建,同时邀请银行、保险公司、天使投资、风险投资等金融机构和融道网等专业机构参与共建。
> 三是专业化、市场化。采取政府购买服务的方式,将部分专业板块委托专业机构运作,通过专业中介机构的深度参与,实现科技型中小微企业融资批量化、便利化的目标。
> 资料来源:《中国科技金融生态年度观察(2015)》。

5.2 科技金融网络关系要素对知识转移与吸收的影响

科技金融网络元素主要有两类:关系要素与结构要素。关系要素是指网络参与者的信任关系与协作关系;结构要素是指网络参与者的网络位置。在网络内,这两类要素都对企业的知识吸收能力有着重要的影响。

5.2.1 网络关系要素与信息搜寻

在社会网络中,单个企业构成网络节点,并依赖联结产生联系。Granovetter(1973)最先提出了联结力量的概念[①],他运用四个维度测量联结力量:互动的频率、感情力量、亲密程度和互惠交换。联结按其强度可以分为强联结和弱联结,前者在职业、地位、收入等经济社会特征相似的个体之间发展起来;后者则是在经济社会特征不同的个体之间发展起

---

① Granovetter M. S. The Strength of weakties [J]. American Journal of Sociology, 1973: 1360-1380.

来。在群体内，由于相似度高的个体所了解的事物和社会经历在很大程度上相同，因此在网络内获取的信息往往是冗余的，弱联结是群体之间的联结，由于它跨越了不同的信息源，因此充当了信息桥。

弱联结在企业网络中代表一种偶然的、疏远的企业联系，这种联结是发生在企业与网络之外或网络稀疏区域的联结。Uzzi 指出，网络联结改善了决策制定过程，由于它们扩展了信息来源的范围，加快了信息处理过程，因此减少了有限理性[1]。多项研究指出，一个由弱联结组成的网络结构有利于获取信息，因为弱联结所联系的是两个社会经济特征不同的个体，它们嵌入不同的社会网络中，拥有异质的信息源。在企业网络中，弱联结意味着企业应增加商业活动范围、拓展网络，以及接触多种异质信息源。

一些学者将弱联结的概念进一步拓展为"桥联结"（Perry‑Smith, Jill E.；Shalley, Christina E.），桥联结是指当企业 A 与 B 有联系，但与企业 B 所在的企业群中的其他企业没有直接联系时，A 与 B 的联结为桥联结。它进一步拓展了弱联结的信息桥优势。

5.2.2 网络结构元素与信息搜寻

结构洞的信息利益。美国学者 Burt 在 1992 年提出了结构空洞的概念[2]，指出了一种网络位置利益：当一个企业所联结的另外两个企业相互没有直接联结时，企业占据着结构空洞的位置。相互之间联系密切的企业，其多重联结往往产生冗余信息，当一个企业的合作者中存在着结构空洞时，意味着企业有机会接触到两种异质的信息流，跨越结构空洞的企业获取的信息冗余度很低，从而形成信息优势。由于控制了网络中的信息流动，企业形成了相对控制优势。结构空洞指出了一个稀疏网络所具有的潜在优势：在一个稀疏网络中存在少量的直接联结，更多的企业由间接联结

---

[1] Uzzi, Brian. Social Structure and Competition in Interfirm Networks: The Paradox of Embeddedness [J]. Administrative Science Quarterly, 1997, 42: 37 –69.

[2] Burt R. S. Structural holes: The social structure of competition [M]. Cambridge, MA: Harvard University Press, 1992.

维系，能发现这些结构空洞并充分利用的企业可以获取多样化的信息，提升信息搜寻能力。但需要指出的是，稀疏网络是一种以采集信息为主要利益的网络，由于企业之间缺乏密切的协作和信任，容易产生机会主义行为。

网络集中度的信息利益。在网络中，另一个重要的网络结构特征是网络集中度。集中度是指参与者由于参与一系列的重要联结而在网络中所占据的战略位置。当一个企业拥有网络成员生存的核心资源如核心技术、品牌资源、大规模的制造能力，并且难以替代时，其他成员对它产生高依赖性，核心企业因此被看做期望的潜在合作者，在网络中建立更多的联结，取得对网络中资源流向的支配权，可以更快地获取信息，获取各方面的信息与技术支持。企业为了能获取及时有效的信息，需要在网络中争取优势位置。

一些学者结合网络关系要素与结构要素指出，企业弱联结的数量与其网络位置有关，处于网络外围的企业拥有更多的弱联结（Perry－Smith, Jill E.；Shalley, Christina E.）。当企业处于网络的外围位置，与核心层企业接触不很密切时，它受到的网络约束程度很低，可以更多地发展与网络外企业的弱联结，并具有更大的创新可能。

5.2.3 社会资本与知识转移

更多的学者运用社会资本概念描述网络中的知识转移优势。虽然他们都承认社会资本概念的重要性，但对它的具体含义还存在不同意见，主要有这样几种认识：社会资本是存在于社会关系网络中的一种资产，以网络为载体；涵盖社会环境各个方面的价值系统；是一种网络结构，其结构本身提供价值。

社会资本是企业动员网络其他成员稀缺资源的能力，这种能力依赖于企业与其他企业的关系，是以信任为基础的关系资本。事实上，企业联结由弱变强的过程也是社会资本发展的过程，二者本质一样，都是企业间信任的培养过程，都产生于社会网络的互惠、期望。在社会资本水平高的网络中，成员之间形成一种建立在互惠和平等规范基础上的义务和期望模式,愿意在协作中耗费时间和成本为合作者传授知识和技术诀窍。在社会网络中,企业间频繁的知识流动形成知识分享惯例(Dyer),形成了一条稳定的知识通道,因此企业的知识吸收能力以制度的形式固定下来,成为伙伴专属的知识吸收能力。伙伴专属的知识吸收能力为如下两个变量函数:(1)合作者的知识基础重合的程度;(2)合作者对能最大化社会技术相互影响的频率和密度的惯例的发展程度(Dyer,1998)。[1]

5.3 知识与科技金融网络治理机制

在网络中,信任作为一种有效的网络治理机制得到众多学者的认同和关注(Larson,1992;Uzzi,1997)。信任作为网络的主要治理机制和无形知识,影响着企业和企业家所嵌入的社会网络环境及交易关系,从而影响着企业的各类市场行为和其竞争优势。

5.3.1 科技金融网络内信任的建立与传递

Arrow(1974)指出信任可能是交易治理中最有效的机制。Powell(1990)认为当存在信任时,企业不再需要层级制的治理机制。Granovetter(1985)指出"经济行为嵌入社会网络之中,嵌入的网络机制是信任。在契约不完善的情况下,信任可以有利于契约的顺利完成"。Jones 等指出,当企业活动有着高度复杂性和时间约束性时,信任可以降低监督成本和重新谈判的成本,进而降低企业在机遇开发中的融资成本和交易成本(Hoang 和 Antoncic,2003)。

Uzzi(1997)认为,网络关系是以信任为基础的相互紧密联结的嵌入性互动关系,企业可以利用这种网络关系实现信息资源的共享。中国是一

---

[1] Dyer, Jeffrey H., Singh, Harbir. The Relational View: Cooperative Strategy and Sources of Inter Cooperative Strategy and Sources of Interorganizational Competitive Advantage [J]. Academy of Management Review, 1998, 23: 660–679.

个传统的关系社会（Yang，1994；Bian，1997），关系在经济和社会组织的运行中发挥着重要的作用（Fried，1969；Walder，1986；Cheng 和 Rosett，1991；Smart，1993）。

Nohria（1992）认为，每增添一位新的网络成员，就会使网络获得了新的外部资源。边燕杰（2004）指出，高密度①的社会网络有利于约束成员遵守团体规范，低密度的社会网络则对成员的约束相对较小。Freeman（1979）认为，若一个节点与很多其他节点之间存在着直接联系，则该节点拥有较高的中心度。中心度越高，该节点越容易获得资源优势（Granovetter，1973；Zaheer，1999）。网络中的节点具有主动与其他节点交往的意愿和能力（Bourdier，1989），Golbeck 和 Hendler（2004）认为，交往的意愿越高、能力越强，该节点在网络中的影响力也越大。

社会网络能够提供信息并促进信息的传播，进而有效地降低信息的不对称（Ghatak，1999；Okten 和 Osili，2004；Kalan，2007）。网络成员可以通过网络获取资源。如果网络成员没有履行应尽的义务，会受到网络的惩罚而被排除出网络，并因此失去关系网及嵌入在关系网中的资源（Kalan 和 Morduch，2010）。

社会网络理论发端于社会学研究，后被应用于管理问题的研究，主要集中在创业、创新等领域，而以社会网络视角研究科技金融的文献则较少。Berger 等（1998）认为，银行可以通过企业的社会关系获得企业财务以外的相关信息，如企业行为、企业主个人品行等，长期关系所产生的软信息，可改善中小企业的贷款可得性和贷款条件。Ghatak（1999）指出，高风险的借款人在网络中可被识别出来并被排除出金融市场，有效降低逆向选择和道德风险问题。Impavido（1998）提出，处于社会关系网络中的借款人会由于不偿还借款而遭受"社会处罚"，被排除在网络之外。Okten 和 Osili（2004）的研究发现，社会网络可以进行信息的传播，帮助借款人更快地找到贷款的渠道。

---

① Izquierdo 和 Hanneman（2006）将社会网络的密度定义为网络中实际关系数与最大可能关系数之比。

5.3.2 知识与信任嵌入金融交易

经过借贷人之间的重复博弈，共同知识集在科技金融网络内得以扩散，对借贷人有约束效用的威胁开始出现。这样，博弈均衡最终得以实现，作为共同知识的价格—利率也出现均衡。但这个均衡并非供求意义上的均衡，由于仍存在信息不对称问题，以及由于不同的制度创新将市场细分，这个均衡状态表征为不止一个非市场出清均衡价格，并且仍然是社会投资水平低于最优态。

信息不对称是金融交易的一个基本特征，而相对于大企业，科技型中小企业信息更为不透明，缺乏企业财务报表等易于传递的"硬信息"（Hard Information），而且科技创新的产出效应存在很大的不确定性，这种矛盾使中小企业的融资比大企业更为困难。中小企业融资依赖的是"软信息"（Soft Information），只有便于获取并处理"软信息"的金融交易主体才能克服中小企业融资中的信息不对称难题。根据参阅的文献资料，各种形式的科技金融都有自己特定的信息获取方式与合约实施机制，并且都具有一个共同的特征：贷方依靠资金供求双方的人缘、地缘关系或其他商业关系获取关于借方的信息，从而使科技金融在向信息不透明的中小企业提供融资中具有信息优势。而常规性金融服务则在处理这种"软信息"方面处于劣势，因此其对中小企业的贷款大多要求抵押或担保以规避风险，然而中小企业往往缺乏可抵押的资产。另外，这正是非正规金融广泛存在的一个更为根本性的原因，同时金融市场分割、高利率、无抵押要求等特征也都根源于非正规金融存在的这种根本逻辑。也就是说，金融市场的分割及其他特征是非正规金融部门、正规金融部门、借款人三方各自优化行为的结果，而不是其行为选择的前提或原因。

科技金融网络内发生的借贷行为采取了一种信息甄别扩展制度，这种制度不是发生在借款人和贷款人之间，而是发生在整个借贷网络之间。由于科技金融网络内具有明显的地缘和人缘关系，这种地缘和人缘关系有一个非正式的范围，因此，形成一种错综复杂的借贷网络，这种借贷网络最初旨在互助和合作，当它被服务于融资时，这种网络范围依然被保留下来,当发生借贷危机时,倘若借款人将贷款人不还贷的信息传出去,那么贷款人在这个借贷网络中的信誉就会遭到破坏,并因此被作为一种借贷信息传播。

5.3.3 科技金融网络内监督机制的建立

监督机制建立的前提在于信息的充分显示,显然,各种信息甄别机制对应的要求是建立不同的监督机制,例如,非正规金融对人品和投资潜力的考察代替了正规金融对于抵押品等的考察,就必然要求道德监督或是地缘和血缘的监督,这一点是信息甄别方式要求的,尤其是非正规金融的扩展机制要求地缘的监督;此时行业的成长与地域有着密切的联系。而正规金融对于抵押品或担保品的要求则对应于第二者、第三者监督,因为此时已经超过信息甄别的范围,例如需要房产部门的权证等,之后抵押品的估价就必须另外求助于房产部门或者其他类似的正式组织机构。有趣的是,信息甄别的相应主体也是不同的,对于非正规金融政府没有可以获得相应信息的渠道,因此也无从监督。只有在发生特大风险事故时,政府才不得不充当仲裁者的角色。因此,政府尽管有赋予其产权抽象的合法性的权力,但事实上对于被承认的产权只对拥有信息的主体有用,具体的产权性质只有拥有个别信息的主体才能清楚并且能够用起来。

但对于政府行为本身的监督,由于政府的角色特殊,没有在扩展秩序中直接运行,它的功能与其他主体不同,因此只能通过建立政府之间的竞争信息得以披露或者利用政府部门间互相的制衡来完成这一点。

**专栏 5-2 促进科技和金融结合,
推动科技创新和经济社会发展:美国的做法**

1. 产学研结合自发形成的市场化创新创业氛围

在美国最富创新创业活力的硅谷地区,形成了以创造市场价值为导向,高校创业团队、孵化器和创业风险投资紧密结合的创新创业生态圈。围绕着斯坦福大学、加州大学伯克利分校、加州理工学院等一批知名高校，聚集了大量的创业风险投资机构，同时，汇聚了一批中小企业孵化器，如在加州大学 CITRIS 信息技术研究中心内部建立了专门的孵化器，高校创业团队可通过加州政府投资达数千万美元建立的纳米实验室和 3D 打印实验室等，将研究成果转变为产品原型，并与入驻在研究中心的创业风险投资机构"零距离"对接开展投资合作，外部创业团队也可以以会员制的方式，共享相关实验室资源等。在制度上，研究中心、创业导师和团队等都可以通过股权关系，形成一致行动人，实现价值最大化。

2. 政府职能以加强基础条件建设和营造创新创业环境为主

一是注重营造商业信用和法务环境。政府出台一系列保护所有者权益和知识产权的法律政策，政府资助项目的知识产权归承担单位所有，并由承担单位自主处置；此外，法律政策的出台和贯彻，保障了商业信用形成良好的商业环境。二是政府部门较少干预市场活动。在创新创业活动中，政府很少以资金支持、行政指导等手段影响市场活动，各州之间对项目的引入基本通过间接的税收优惠为手段。三是政府更多注重公共教育和基础建设的投入。如加州大学是美国排名第一的公立大学，加州政府也给予其较多的财政投入支持，不断提高办学质量，为硅谷的创新企业提供多元化的人才供给。同时，联邦和州政府在医疗、交通、电力等方面给予了大量投入，针对中小企业也加大政府采购等间接支持力度。

3. 具有良好的中小企业投融资环境

美国的金融体系以资本市场为主，庞大的资本市场体系是以良好的商业信用水平为基础。一是创业风险投资行业高度发达。截至 2013 年底，美国创业风险投资资本规模约达 2000 亿美元，规模约为我国的 7 倍，在 21 世纪初期，科技网络泡沫高峰期时甚至超过 3000 亿美元，特别是硅谷地区，作为科技创新中心，聚集了美国近 50% 的创业风险投资资本。二是多层次资本市场发展较快且上市门槛不高。美国有 3 家全国性证券交易市场和 7 家地方性证券交易市场，挂牌交易企业数量超过了 15000 家，不同层次的证券交易市场为不同企业提供了多元化、多层次的股权交易服务。三是企业债券市场发达,为中小企业提供了更多融资选择。美国债券市场规模达44万亿美元,远超股票市场21万亿美元的市值规模,是全球最大的债券市场,其中企业债券市场规模达15万亿美元,美国100多家的信用评级机构为企业债券进行了分层次评级,方便不同风险偏好的投资者需要。四是推动创新创业的新型投融资模式快速崛起。硅谷银行投贷结合的模式曾经造就了一大批科技企业的快速成长。目前,基于网络信息技术的互联网金融机构快速成长,如Kickstarter、Lending Club等股权众筹和P2P平台,不仅降低了中小企业的融资成本和门槛,而且服务对象和范围也更加广泛。

资料来源:中国科技金融促进会。

6
科技金融创新研究
——以中关村科技园区为例

6.1 科技金融创新的理论框架

6.1.1 科技金融的概念和特点

6.1.1.1 科技金融的概念

目前,对于科技金融这个名词,学术界还没有一个公认的确切概念,只能笼统地认为科技金融属于产业金融的范畴,并且主要是指科技产业与金融产业的融合。但是随着市场经济的不断发展,人们渐渐开始在实际工作中使用它,并逐步将其列为书面语言,当然,一直以来各方对它的理解都不尽相同,也没有形成统一的概念。理论界首次对科技金融作出定义的是赵昌文,他在《科技金融》一书中认为"科技金融是指促进科技开发、成果转化和高新技术产业发展的一系列金融工具、金融制度、金融政策与金融服务的系统性、创新性安排,是由向科学与技术创新活动提供金融资源的政府、企业、市场、社会中介机构等各种主体及其在科技创新融资过程中的行为活动共同组成的一个体系,是国家科技创新体系和金融体系的重要组成部分"。

综合实际生活中的案例具体分析书面上的界定会发现,科技金融的内涵其实包括很多方面:第一,科技金融是科学技术资本化的过程,金融资本是科学技术的支撑;第二,科技金融是金融资本通过科学技术获取高回报的过程,科学技术对金融发展有着促进的作用;第三,科技金融是一种科技与金融之间的相互作用,两者相辅相成。本书以已有的相关论述为基础,再结合目前研究者们达成的一些基本共识,在此认为,科技金融是一种科技创新活动与金融创新活动的高效结合,它以调整金融资本的配置为实施方案,达到促进科学技术发展的目标,并以科学技术的发展来反作用于金融资本的积累,最终推动社会经济的持续发展。

6.1.1.2 科技金融的特点

科技金融的主要特点有：

一是经济范式。科技金融是一个边缘性跨学科的概念，它不仅是科技的外生变量，而且是金融的外生变量，是科技与金融两者衍生的融合体，即一种新型的经济范式。

二是科技。科技金融工作的侧重点在于科技，所以其最首要的任务就是科技的进步，而科技的发展又需要金融的支持，这就需要以金融推动科技，再反过来以科技促进金融。

三是创新。科技金融既有科学技术的创新，又有金融的创新。如果没有科技的创新，就不会有科技的发展，没有科技发展的推动，就不会有金融的发展；同样，没有金融的创新，就没有金融的发展、资本的增加，也就没有科技发展所需的资金支持。

四是风险正相关性。科技创新过程中的风险程度是按照递减的顺序排序的，同样，金融资本在参与科技创新活动过程中的风险程度也是按照递减顺序排序的，这就说明科技创新活动在其前期因为市场失灵的风险较大而导致金融资本厌恶程度较高，而到了后期，随着其成功率的提高，金融资本的厌恶程度也逐渐降低。

五是收益负相关性。科技创新活动所产生的收益一般是按照递增的顺序排序的，但金融资本参与科技创新活动的收益却恰恰相反，是按照递减的顺序排序的，也就是说，随着科技创新活动的发展科技收益逐渐增高，而金融资本的收益率却逐渐降低。

6.1.2 科技金融的构成体系

在当前科技金融发展的这一时段中，其体系主要由政府、金融服务机构、中介服务机构以及高新技术企业这四个基本主体构成。在这四个基本主体中，政府往往起着主导性作用，而金融服务机构以及中介服务机构的任务则是配合政府为高新技术企业服务。作为融资活动的参与者，金融服务机构和中介服务机构有着比政府更为广阔的融资源，也更加容易在各种渠道筹集到资金，从而更方便地为高新技术企业提供融资。而对于提供融资的选择对象这个问题上,高新技术企业则需要凭借其本身的条件向金融服务机构和中介服务机构乃至政府争取。这便构成了由政府主导,金融服务机构、中介服务机构以及高新技术企业共同参与,各个相关主体发挥相互作用,在充分利用政府和市场这两只强有力的手的前提下,依托科技金融构成体系,建立完善的融资循环系统,进而达到以融资促进科技发展,以科技发展推动融资持续增加的目标。

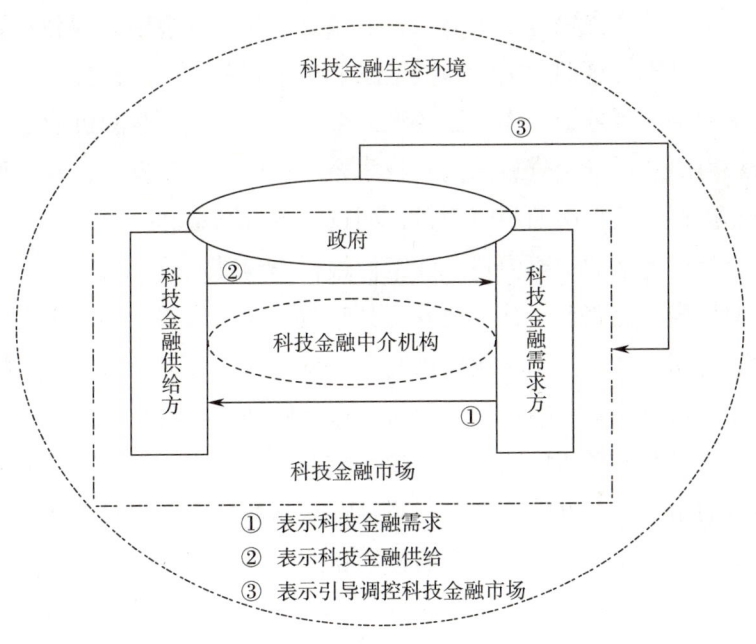

图6-1 科技金融体系:参与主体视角

6.1.2.1 政府

在科技金融的构成体系中,政府所应发挥的是其自身的引导作用,即为高新技术企业提供支持,并且对整个科技金融构成体系进行建设性的监督和管理。在监督和管理过程中,政府所辖的各个部门分工也有所不同。中央政府应当加强在相关政策法规方面的建设,出台一套系统且全面的政策法规以更好地匡正和扶持高新技术企业的发展。地方政府要加强对科技金融示范区建设的组织领导,切合当地的具体情况为科技金融的发展作出分析。科技部门要对高新技术企业作出具体的界定,并为其后续的高新技术作出适当的牵引和保护措施。财政部门应当敲定合理的科技金融补贴政策,安排专项资金给予高新技术企业一定的扶持。税务部门要在政策允许的范围内给予税收优惠,以保护高新技术企业的起步及刺激其后期的发展。金融部门则应该促进各类金融服务机构及中介服务机构与高新技术企业联系,切实以金融来推动高新技术企业的发展。

6.1.2.2 金融服务机构

金融服务机构主要包括中央银行、银行、非银行金融机构和外资、侨资、合资金融机构这四大类。这些金融机构相互补充,为科技金融提供了一个完整的金融服务链。作为服务型的金融企业,这些金融机构把在市场上筹资获得的货币资金贷放给高新技术企业从而支持其发展,政策性银行以及商业银行是银行中的中坚力量,而创业投资基金和风险投资机制则是非银行金融机构中的主要力量。政策性银行作为贯彻政策而非以盈利为目的的金融机构,应该首当其冲地发挥其政策导向的作用,在商业银行持观望态度的初期为高新技术企业提供资金支持,并且加强与其他金融机构的合作,为高新技术企业融资提供间接担保,做好政府财政的缓冲器。国有商业银行作为融资渠道广阔、资金量庞大的金融机构,应该在相关的科技金融政策的指导下,继政策性银行后继续对高新技术企业提供支持,进而充分发挥其在科技金融构成体系的核心作用。风险投资机构及创业投资基金则应依托科技金融构成体系,充分了解各方信息以选择合适的投资对象帮助高新技术企业进行创业投资。

6.1.2.3 中介服务机构

中介服务机构包括公正性中介机构、代理性中介机构以及信息技术服务性中介机构三大类,具有相当广泛的业务类型。它作为连接科技和金融之间的桥梁,应该扮演推动科技发展同时降低金融风险的角色,并为其他几个科技金融构成体系的主体提供信息咨询服务。在整个中介服务机构中,企业无形资产价格评估和资信评估服务机构、会计师服务机构、创业服务及风险服务机构对于科技金融发展尤为重要。企业无形资产价格评估和资信评估服务机构对高新技术企业的资产价格评估和资信评级,直接关系企业能否取得银行的资金支持以及取得资金的多少,是金融机构为高新技术企业融资的参考对象。会计师服务则有利于保证财务信息的真实性，提高高新技术企业的透明度，进而更加便于投资者甄别。创业服务及风险服务主要是选择有潜力的企业进行投资。

6.1.2.4 高新技术企业

高新技术企业特别是其中的中小企业，是科技金融支持的主要对象。在业务上，这些中小企业应该加快高新技术研发力度，开创新产品。在财务制度上，应该对其进行规范化，提高企业的透明度。提升企业的信用水平，这一点最为重要，在科技型企业的专用信用体系中，只有高信用才能降低企业获得融资的难度。

6.1.3 科技金融创新的主要模式

6.1.3.1 资本主导型模式

资本主导型模式是以金融市场为融资支持中心的模式，主要是指金融市场通过一定的方法和渠道对科技金融发展提供支撑，这里的金融市场主要是指证券市场和创业风险投资市场。这种模式认为，在对高新技术企业提供融资支持方面，金融市场更胜于银行机构。一个优化的资本市场是资本主导型模式的首要需求，其股票和债券体系以及风险投资体系的完善乃至发达对于科技金融创新至关重要，与此同时还需要有大量股份制企业的存在。因为资本市场的投资一般属于股权投资，收益与风险具有一致性，而资本市场本身的特点能使融资风险平均分散化，这便降低了资本市场的风险同时也有利于其更好地配置资源，但风险因素过多也可能引发系统性危机，所以一个健全的监管体系十分重要。目前，资本主导型模式在欧美国家广泛推行，英国和美国是其中最为典型的国家。

6.1.3.2 银行主导型模式

银行主导型模式是由银行机构扮演高新技术企业的主要融资对象的模式。这种模式认为，银行机构作为企业融资最为主要的来源，对于高新技术企业来说亦然，故而其主要融资渠道并非金融市场，而是银行本身，间接融资在融资支持中占主导地位。在这种模式中，银行机构与融资企业关系往往较为紧密，在提供融资的同时银行机构一般占有一定比例的企业股份或者直接参与企业的管理。由于银行机构的风险偏好不高，而高新技术企业的风险又往往具有不对称性，这就意味着银行在向企业贷款的初期并不能享受企业成长的收益却还要承担风险，而增持一定比例的企业股份又会加大银行机构的运营风险，对于单一的银行主导型模式来说，这是一个重要的缺陷。目前，银行主导型模式应用的典型国家有日本和德国。

6.1.3.3 政府主导型模式

政府主导型模式是政府对科技金融资源进行统一的配置与调控的模式，在这种模式中，贷款贴息、信用担保及直接提供融资三条途径在融资支持上的效用最为显著。由于政府在资源配置及调控中起主导作用，即政府作为风险的承担者，这就在很大程度上保证了融资支持的稳定可靠。政府主导型模式主要适用于科技金融发展的起步阶段和实施特定战略所处的特殊阶段，而在融资对象的选择上，这种模式一般偏重于特定行业和特殊地区，特定行业主要是指国防和涉及国家安全事业且需要大量资金的行业，而特殊地区则是指金融资源一般不愿介入的落后地区，政府为了缩小这些地区与发达地区间的差距可能会有一定的资金扶持。目前，政府主导型模式广泛应用的国家有中国和以色列。

6.1.3.4 社会主导型模式

社会主导型模式与政府主导型模式恰恰相反，是社会机制对科技金融融资支持起主要作用。在这种模式中，企业的融资渠道及融资形式都十分宽泛，其中自我融资和非正式融资是融资的主要方式。在社会主导型模式对融资资源的有效配置中，一般融资的投资对象以中小企业为主，而且由于其过于宽泛，规范管理比较困难，故而不适合用于较大的国家和地区。目前，中国香港、中国台湾地区是采取社会主导型模式的典型。

6.2 中关村科技园区的科技金融创新分析

近几年，中关村科技金融体系越来越完善且科学化，服务主体主要围绕示范区的科技型中小企业展开，逐渐形成了包括科技投资、科技股权融资、债券融资、科技担保、科技租赁、科技信贷、保险和贸易融资、科技典当、知识产权质押、互联网金融等多样化融资服务种类的科技金融服务体系，为中关村传统产业发展提供了资金支持和支撑。

下文将从投资、担保、融资、贷款、租赁、典当、知识产权运营和互联网金融八方面对中关村科技金融体系进行研究，分析当前中关村科技金融创新的现状。

6.2.1 科技投资

6.2.1.1 天使投资

天使投资是自由投资者或非正式风险投资机构对原创项目构思或小型初创企业进行的一次性的前期投资。天使投资属于风险投资，是未必经过组织化的投资方式。其具有资本来源和投资人员大多来自民间，投资门槛较低的特点。

中关村示范区的许多科技企业是通过天使投资的方式创办壮大的。据统计，目前中关村总值超过13亿元的天使投资人多达两千多位，政策资金被放大近十倍。2014年中关村地区发生的天使投资有691起，总投资额30亿元，天使投资平均单笔金额较往年有明显提升。投资涉及互联网、IT以及生物技术等多种行业。2014年中关村机构天使投资不同行业投资案例数见图6-2。

由图6-2可知，投资行业主要集中在互联网行业，占比达36%。由于互联网的日益普及，智能手机保有量逐年上升，TMT行业未来发展空间巨大，由此吸引了大批投资者和创业者。在获得投资资金上，TMT行业获得投资占整体投资的70%~80%。

2014年，中关村天使基金新募16只，包括洪泰基金、创新工场、联想之星、真格基金等，累计金额472.56美元。中关村作为我国高新技术产业重要基地，除了收到高额的天使投资基金外，其对天使投资人的投资回报不容小觑。近两年，中关村的天使投资收益明显，出现了大量的高收益投资案例。

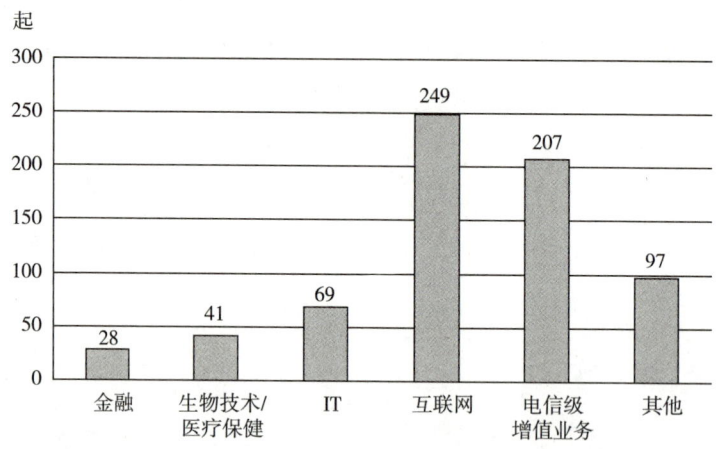

注：以上数据来自2014年中国天使投资和中关村天使投资发展报告。

图6-2 2014年中关村机构天使投资不同行业投资案例数

表6-1　　　　2014年中关村天使投资IPO退出案例（非全部）

企业	天使投资人/机构	投资金额（美元）	投资时间	退出时间	退出回报
聚美优品	徐小平	17.5万	2011.4	2014.5	1286.06
聚美优品	险峰华兴	90万	2011.4	2014.5	315.96
乐斗游戏	联想之星	120万	2010.12	2014.8	38.86
乐斗游戏	联想乐基金	49万	2010.12	2014.8	38.86
网康科技	联想之星	25万	2009.7	2014.8	61.41

注：①退出回报=上市发行价格×所占股数/投资金额。

②以上数据来自2014年中国天使投资和中关村天使投资发展报告。

中关村拟推出三种基金形式，以适应中关村创业者的特点。一是主要为原企业中的领军人物所创办的高新企业成立的基金，该基金主要利用了孵化器的优势资源。二是为连续的创业投资者所成立的基金。三是专门针对"90后"的投资基金。与北京相关高校联合发起，投资对象主要面向"90后"的创业者，由于他们现今的专业知识和对市场的灵敏掌握，使其得到了更多的资金支持。此外，扩大已有的天使投资基金，各种基金的设立和拓展更好地支持了中关村的高新技术企业。

综观示范区天使投资情况，存在以下五方面特点：

第一，政策环境不断优化。2014年9月22日，中关村出台相应办法。同时中关村还积极与天使投资机构合作成立天使投资引导基金，为天使投资提供风险补贴和设立天使投资引导资金，使更多的企业得到了更大金额的投资。

第二，投资主体多元化。投资主体由原来的局限于民间个人，发展到聚集了大量的机构。如真格基金、联想之星、洪泰基金等均是资金和业务实力突出的投资机构。然而，中关村仍然不乏实力雄厚的天使投资个人，如始终处于前列的李竹、吴世春等领军人物，还有新兴的胡海泉、周伟丽等新锐人物。他们的投资为企业给予足够资金支持。在众多的天使投资人中，"90后"天使投资人的思维活跃，创新力强，符合未来消费者口味。

第三，投资产业多样。各类天使投资联盟、天使投资协会和创投协会成立，进行联合投资以降低风险，实现资源整合。投资行业更是涉及20多种。但是投资仍然高度集中于发展潜力明显的互联网行业。

第四，退出策略差异化。在经历过中关村投资高回报退市的企业，它们面临着更多的选择。传统天使投资机构由于基金存续期压力，倾向于隔轮退、在B轮或C轮融资时将股权转让。而个人投资者则倾向于长期持有股份直至企业成功IPO或并购以实现回报收益最大化。

第五，服务组织多元化。推出天使汇众筹平台。产生了"孵化器+天使"的形式。中关村现有各类孵化器130多家，车库咖啡就是其中的一个典范。天使培训班为出资者进行前期培训，服务日趋人性化。

6.2.1.2 创业投资

为更好地支持中关村高新技术新兴企业创业，为其提供资金帮助，中关村近年来始终加大对科技企业的创业投资。2015年初，成立的总规模400亿元人民币的国家新兴产业创业投资引导基金已基本完成方案设计，并计划开始面向市场化机构招标。其成立是为支持创新型企业的国家创投基金，改变原有的行政划拨模式，破解创新型中小企业融资难题的同时，也为中国新兴产业的发展注入持久动力。这对中关村的科技企业来说是一大利好消息。目前中关村创投机构约200家，吸引了IDG资本、今日资本、中信建投资本和中关村瞪羚基金投资等机构与中关村合作，创投机构数量持续上升。

表6-2　　　　　　　2008~2013年中关村创业投资

年份	案例数（起）	披露金额（亿元）	披露金额占全国比重（%）
2013	—	133	33.4
2012	240	159	30.2
2011	544	355	36.4
2010	216	208	27.6
2009	111	81.6	35.2
2008	—	81.5	—
2007	—	62.56	15.7

注：以上数据来自各年份中关村指数报告，"—"表示数据不详。

2007~2011年，投资金额直线上升，尤其是2010年，投资数量多达216起，这一数据竟达到上一年的2倍；披露数额接近2009年的3倍。2010年，中关村的创新投资数量接近全北京创新投资总数；整体大环境的不景气，使资本市场出现短暂回落。导致2012年投资金额快速下降，但在全国金额占比上仍有30%多的份额。2010年至今，创业投资量趋于稳定。根据全国的市场占有率，中关村已是全国在此领域的一面旗帜。在市场环境和政策的支持下，创业投资对中关村科技企业的融资支持作用会不断加强。

6.2.2　科技贷款

6.2.2.1　传统贷款模式

商业贷款在企业的资金筹集方面是重要的方式之一，大量的贷款资金使企业多了融资的来源和方式。近年来，多家商业银行为在中关村入驻的科技企业提供大量的贷款支持。除2010年国家宏观调控外，随着支持力度的加大，近几年中关村企业贷款数额呈现快速上升趋势。每年的升高幅度达到20%。多家商业银行入驻中关村，为其提供资金支持和金融服务。其中包括四大国有商业银行、股份制商业银行和地方商业银行等。而且，各家商业银行针对中关村示范区的独有特质，设计和创新各种金融融资理财产品。

截至2012年底，中关村区域金融机构聚集效应逐步显现，中国银行、中国建设银行和北京银行等18家银行在中关村建立信贷专营机构或特色支行，满足中关村地区要求。2012年底，中关村传统银行贷款增值4333亿元，同比增长28%，不过与上一年80.4%的增速相比，贷款增速明显回落。

6.2.2.2 外汇贷款模式

2015年，示范区批准为在两年内没有过违规的企业法人，并且含有高新技术证明，而且该类贷款是为企业服务的法人设定了新型外汇结算方式。这种办法使企业可以利用更低的成本贷来相同数额的贷款。第一个在外汇局中关村支局实现外债登记，同时又开立企业对外账户的企业是用友网络科技股份有限公司。其对外负债达到了2280万欧元，在这2280万欧元中，有接近80%的金额来自工商银行法兰克福分行，贷款整体成本仅有不到3%。500万欧元来自中信银行洛杉矶分行，贷款成本为2.7%。这种融资方式使中关村融资方式得到扩展，使示范区的科技型企业与国外资金达到了互动，在一定程度上解决了融资难的问题。

6.2.2.3 信用融资模式

（1）信用贷款

中小微企业融资难始终制约着企业的发展，但是究其融资难的原因，其中一个重要的原因是企业与金融机构的信息不对称，对它们的资金状况、信用状况等不了解。因此，只有拥有良好的信用记录，才能使小微企业顺利融资。涉及高新技术的中小企业提高自身的信用记录，严格保障自身的信用状况是实现优质融资的必要条件。

2000年初，中关村和其他四个城市、地区被定为我国第一批信用体系建设点。为提高中关村的品牌形象，促进企业发展，2003年7月，创立了北京中关村企业信用促进会。注册会员接近500家，有多达接近1万家企业加入，信用产品使用率多达1.8万种。示范区力推信用贷款融资模式，从2007年9月到2013年，银行给1000多家企业发放了2596笔信用贷款，总金额达到 321.2 亿元。

2014 年 1 月 16 日，银企合作进一步深化，中信银行也与中关村管委会签署战略协议，表示出资 300 亿元的授信额度支持中关村的高新技术企业。2015 年 1 月 15 日，北京银行中关村支行成为第一个贷款卡办理银行，给毫无贷款融资信用记录的企业办理"贷款卡"，为不少小微企业借助资本力量实现企业运转。此后，北京银行等金融机构推出了相应的零抵押信用贷款，如"零信贷"、"成长贷"等产品。除了以上两家银行，截至 2015 年 3 月，1154 家科技型企业得到了 28 家商业银行提供的信用贷款，总额达到 356.5 亿元。

信用贷款的融资模式越来越成为中关村科技企业的融资主渠道，未来中关村的科技信贷必将持续快速增长，为更多的科技型企业解决资金需求问题。

（2）科技担保

科技担保是服务科技型中小企业的重要金融服务方式，积极开展科技担保业务对支持技术创新和产业升级具有重要意义。由于小微企业始终存在财务不规范、信用资料缺失、可抵质押材料较少的特点，导致小微企业融资难的问题始终难以解决。在此背景下，中关村作为科技型企业集中地，应持续加强对科技型、创新型小微企业的担保支持力度，发挥科技担保作用。近日，中关村科技担保公司发布了新的担保产品——普惠保，为在中关村建立时间不足一年，没有任何不良信用登记的高新技术小微企业提供高于 10 万元的担保信用额度，根据当前数据，满足这一条件的企业有两万多家。

表 6-3　　　　　　　中关村科技担保公司历年担保规模

年份	2002	2003	2004	2005	2006	2007
金额（亿元）	10.9	23.3	25.8	27	35.4	44.9
年份	2008	2009	2010	2011	2012	2013	2014
金额（亿元）	55.1	70.6	102	160.2	165	214	300

注：以上数据来自各年份中关村指数报告。

2013 年，担保金额提升迅猛，高达 200 多亿元。同年，中关村担保公司建成了为小型和微型科技企业服务的团队，从此开始了对小微企业的专项服务。同时与金融机构联手，开展小微金融项目，项目对应群体主要为"展翼计划"中未来发展空间良好的小微企业。向它们提供低于 200 万元的小额贷款担保。除了担保贷款外，在外贸和贸易中，还添加了信用证担保、履约保函担保、招投标保函担保和留置金保函担保等业务，丰富担保内容，使受到担保企业数量有了新的提升。2014 年，中关村担保公司成立 15 周年。在 15 年中，为大小科技企业提供了接近 20000 个项目，信用担保资金总额大于 1200 亿元，高成长企业群体发展的"瞪羚计划"是为促进高成长性企业而开发的专项项目；支持创业企业群体发展的"留学人员创业企业小额担保贷款绿色通道"是为海外留学归国人员设立的，以上全部是为促进中关村的长远发展，针对各种特点而设计的专项担保服务。2013 年推出的"展翼计划"，面向对象为年均营业收入少于 100 万元的小微企业，这一计划切实地面向中关村的小微企业展开；2014 年底，打造"普惠保"产品，服务新建且具有一定创新实力企业，为它们提供担保业务。2015 年，为响应国家京津冀一体化的号召，北京中关村与天津和河北两地展开了有针对性的合作，将现有的中关村科技担保经验与天津、河北两地的实际情况相结合，打造适合两地发展的担保服务，担保服务体系业务领域得以扩大。

（3）科技租赁

融资租赁是指出租人根据承租人的选择，购买租赁物件提供给承租人使用，承租人支付租金的交易。融资租赁是众多融资形式之一，产生的时间不长，但这种方式确实是小微企业融资的重要方式。融资租赁具有"融资无抵押、审批速度快、还款方式灵活"的特点，中关村也正是根据其这一特点，在中关村开展了相关业务，意在降低小微企业的融资成本和融资时间，通过开展各种租赁方式，帮助中关村科技型企业解决融资难的问题。

中关村科技租赁有限公司，作为我国首家科技租赁公司，于 2012 年 11 月 27 日在北京成立。在成立的两年多时间里，累计租赁投放金额 24.5 亿元，签约 130 余个项目，且服务对象 90% 以上为中关村示范区内的科技型中小企业。该企业目标是在未来三年，计划投放资金80亿~100亿元，目标服务500家企业，使该公司成为行业的领军人物，同时增加融资租赁在整个融资行列的优势地位。

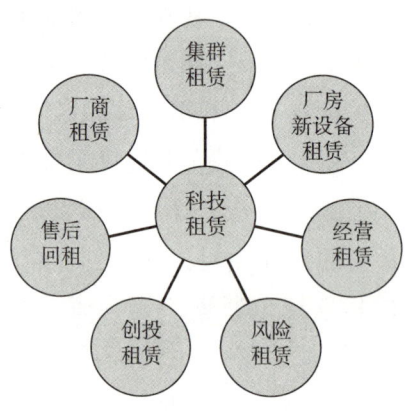

图6-3 中关村科技租赁模式

集群租赁是中关村科技租赁的主要融资方式，它是指将中关村各园区处于产业集群内的各企业通过融资租赁的方式联合在一起，由租赁公司搭建产业集群合作平台，促进上游企业产品销售，拓宽中游企业技术服务领域，满足下游企业技术服务需求的融资租赁方式。

中关村还建立了"投保贷租"一体化平台。同时与创新投资企业——天使公司，以及各类金融机构合作，推出"保租通"、"银租通"、"投租通"3项服务，大大地提高了融资金额，并且使融资的可能性得以提高。截至目前，8家小微企业已经获得了担保投资，获得金额达2亿余元。为更好地提供融资服务，中关村科技租赁探究出创投租赁模式。创投租赁是指具有创投和租赁双重性质的租赁模式，这种模式可以在一定程度上提高融资的自由度。

科技租赁不仅解决了中关村科技型企业的融资问题，同时为科技金融体系提供了一种新型金融工具，又是对科技金融创新的一种新的尝试。

（4）知识产权质押

2006年底，北京市相关政府部门提出对科技型企业的知识产权质押进行试点。目的是为完善中关村整体科技金融体系，优化中关村创新创业环境，提高对知识产权质押的整体水平，增强对中关村的整体实力。

企业存在无形知识技术资产丰富，而可抵质押资产缺乏的特点。然而，商业银行对企业的贷款往往需要有形资产的抵押，这种状况使许多发展前景较好的科技型中小企业无法得到资金支持。以知识产权质押的方式获得资金为科技型企业找到新的突破口。

表6-4　　　　　　　中关村知识产权质押历年贷款金额

年份	2009	2010	2011	2012	2013
金额（亿元）	13	46	21	32.7	8.4

注：以上数据来自各年份中关村指数报告。

2011年，知识产权质押贷款服务了中关村489家科技型中小企业，累计达到1288笔。在累计贷款总额上，从2011年9月的76亿元增长到2013年末的121.1亿元，增幅接近60%。但是，仅看2013年内数据，贷款数额下降明显。同年，为推动知识产权质押贷款，中国银行与中关村合作，推出了"中关村模式"。接下来，各家商业银行增加业务形式，提高业务质量，同时，在现有基础上，努力加大授信额度，促进中关村科技企业的快速、良好发展。

（5）信用保险和贸易融资

2009年，中关村联合北京银监局等金融领域相关政府部门，进行了为期两年的信用保险和贸易融资的试点工作，其目的是使资金周转率得到有效的提高。这是具有贷款与保险双重性质的产品，从此解决了小微企业没有适当抵押物而无法贷款的束缚。截至2012年12月末，各金融机构已服务67家/次科技企业，为它们提供近200亿元的信用保险，并且还有10亿元的贸易融资贷款。

6.2.3　债券融资

中关村债券融资开始的导火索是2002年，示范区从众多的高新技术企业中选择20家企业，拟用捆绑销售的形式发行8亿元债券，这项工作由中担保公司担保，以中关村的名义进行发行，但是由于审批复杂等原因，这项工作最终告败。但是这并没有阻碍中关村企业发债的决心，2005

年，新的《企业债券管理条例》出台，并且根据"十一五"规划建议，企业债券发行门槛降低，中小企业、民营企业被纳入发债范围。进入2006年，这种联合发债的形式终于获得成功。这次由11家中关村的高新技术企业联合发行了4亿元短期融资债券。为中小企业开创集合发债的先河，同时又增加一种为小微企业融资的重要渠道。

在中小企业集合私募债方面，中关村依托良好的信用和科技金融工作基础，在2012年，成为了全国首批发行该类债券的企业。2013年，由于多数企业找不到合适的服务商，不清楚发债流程等情况影响了发债水平，中关村决定启用中小企业私募债平台。

2008~2013年中关村新增债券融资额见图6-4。

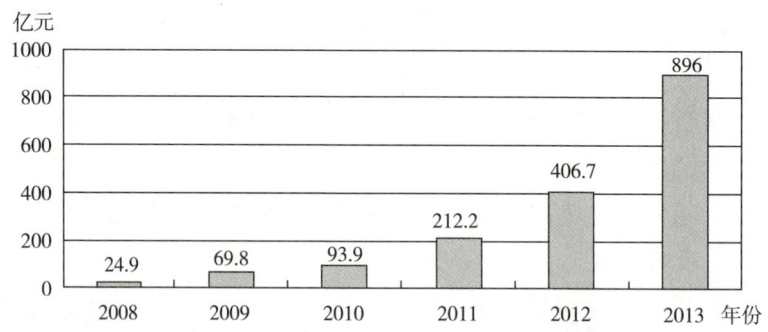

注：以上数据来自各年份中关村指数报告。

图6-4 2008~2013年中关村新增债券融资额

仅在2009年，中关村企业发行了接近70亿元债券，是上一年的两倍。继"07中关村债"发行之后，"2010年中关村债"再次公开发行，本次集合债券共挑选北京交大微联科技有限公司等13家中关村示范区企业，融资规模3.83亿元。2011年，示范区企业当年新增债券融资额212.2亿元，是上年的1.3倍，而上年的融资额仅为93.9亿元。2011年，瑞泰科技、北新建材、乐视网等一批上市企业发行了短期融资债券及公司债。2012年，百慕新材、信威通信、九恒星、鸿仪四方4家示范区企业全国首批成功发行了中小企业私募债券，发行额达4.8亿元，通过深交所和上交所备案，实现了中小企业发行私募债券的目标。2013年，新增融资额 896 亿元，是 2012 年的 2.2 倍。通过近年来融资新增数据，中关村债券融资金额飞速增长，实现了自主融资。

6.2.4 科技股权融资

6.2.4.1 代办股份转让

代办股份转让业务又称新三板市场，是指经中国证券业协会批准，并报中国证监会备案，由具有代办非上市公司股份转让服务业务资格的证券公司采用电子交易方式，为非上市公司提供的股份特别转让服务。2006 年，出台的《证券公司代办股份转让系统中关村科技园区非上市股份有限公司股份报价转让试点办法》，这项办法使中关村的非上市企业也可以进行代办股份转让。中关村代办转让系统的创办初衷是为向中关村未上市的科技企业提供股权流通平台，拓宽融资渠道。创业板的推出，使平台的作用发生了一定变化，成为了在创业板上市企业的过渡平台和孵化器。

2006 年 1 月 23 日，首批挂牌企业可以正式通过代办转让系统挂牌转让。2011 年 6 月，新锐英诚（北京）股份有限公司等 5 家公司集体挂牌，这标志着中关村代办股权转让系统正式运行。

2006～2013 年，"新三板"挂牌的中关村企业累计募集资金额见图 6-5，2014 年新三板挂牌中关村企业行业分布见图 6-6。

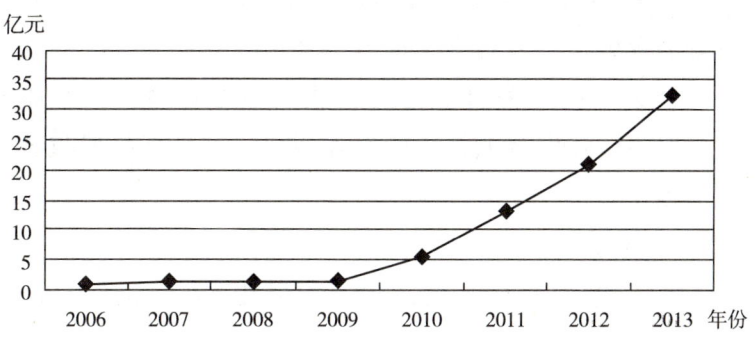

图 6-5 2006～2013 年"新三板"挂牌中关村企业累计募集资金额

自代办股权转让系统成立以来，2010 年起，融资金额快速上升，从 2010～2013 年已知数据来看，集资金额基本呈倍数增长态势。不

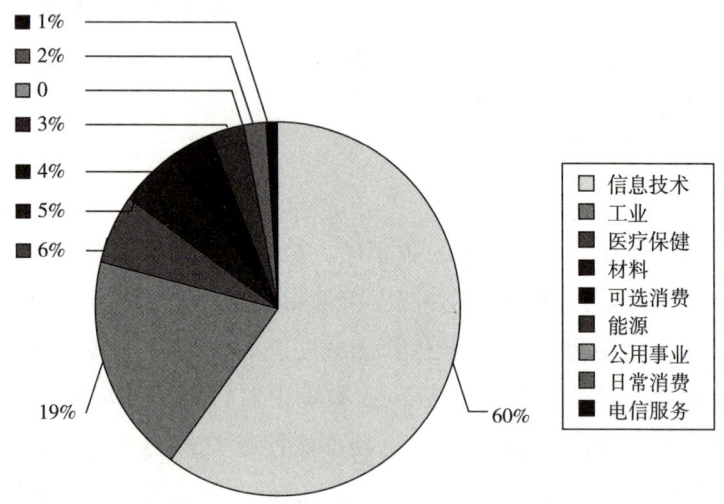

注：以上数据来自各年份中关村指数报告。

图6-6　2014年"新三板"挂牌中关村企业行业分布

仅在集资金额方面，挂牌的企业数量也逐年迅速增长。从2007年到2010年9月，正式挂牌的企业翻三番；至2011年6月，挂牌企业达到90家，参加股权转让企业更是达到131家。仅2012年，挂牌企业80家就已经是从2007年起至今的总数。仅2013年3月，新增交易挂牌6起。至2014年第一季度，挂牌企业总数达277家。在股份转让系统日益重要的今天，中关村继续提升科技型企业综合实力，加强企业培育力度，努力提高中关村示范区企业的核心竞争力，增加有实力的、在代办股份转让平台上挂牌的企业数量，持续保持股权转让融资手段的优势地位。

6.2.4.2　境内外上市

随着科技金融体系的不断完善和中关村科技企业自身实力和竞争力的提高，其融资手段也越来越丰富，中关村符合条件的企业可以选择在我国主板、中小板以及创业板上市，然而，在三种板块中，以创业板为重点，创业板中的企业可以在境内外的板块上市，这也是创业板所支持的，这种做法也使创业板板块越来越强大。

表6-5　　　　　2011~2013年中关村企业上市板块汇总　　　　　单位：家

上市地点	交易所	2011年	2012年	2013年
国内	上交所	36	37	36
	深交所	89	96	95
国内（汇总）		125	133	131
海外	纳斯达克	28	25	23
	纽交所	17	17	28
	新加坡主板	3	3	3
	英国AIM	1	1	1
	日本东证主板	1	0	0
	加拿大TSX	1	0	0
	德交所	0	0	1
	港交所	22	19	24
海外（汇总）		73	65	70
汇总		198	198	201

注：以上数据来自《中关村国家自主创新示范区商务指南》（2014年版）。

2010年，中关村示范区新增加上市公司39家。其中有26家选择在境内板块上市，而有13家选择在境外板块上市，如纳斯达克、纽交所等知名交易所，首次公开募股总额达483亿元。从2011年9月的190家上市公司到2012年的224家，再到2014年的共254家上市公司，足以说明中关村上市企业数量的高速增长。2011年，有73家公司选择在境外上市，而2012年减少8家海外上市企业，2013年有所回升，但是这也表明中关村海外上市企业仍不稳定。在这一年，天下图在香港交易所挂牌上市，熟知的58同城选择在纽约交易所上市，而去哪儿网选择在纳斯达克挂牌上市。2014年有98家中关村企业选择在海外市场上市。中关村企业的总市值超过3万亿元。除此之外，中关村上市企业资产数额逐年增长，利润率更是居高不下，中关村科技企业上市的公司逐年增加，且在创业板的总市值也处于第一位，这也显示出中关村上市企业发展的良好态势。在中小板和创业板上市的企业渐入佳境，但是由于主板市场准入门槛较高，使许多中小企业望而却步，导致许多企业选择在境外板块上市。

6.2.4.3 并购上市

并购重组是拓宽企业业务领域,增强企业自身实力的重要方式。近年来,中关村大量企业进行了并购重组工作。2013 年,百度收购 91 无线,完成移动互联网布局、同方并购 E 人 E 本,完成 PC 向平板布局、联想并购 IBM 个人计算机事业部等都成为国内外重要的兼并案例。蓝色光标公司,自 2010 年成立起,已完成对十家小型企业的并购工作,这种并购模式使光标公司的收入快速上升,同时丰富了自身的业务范围,增强了企业的竞争力,形成通过并购而形成的"蓝标模式"。2012 年,虽然国内并购交易创 2009 年以来的新低,但中关村示范区不降反升,交易规模持续上升。2012 年,中关村有 100 多家企业进行了并购,并购金额高达 300 亿元。

6.3 中关村科技金融创新的发展趋势

国务院和北京市高度重视中关村的创新发展,对此发布了《关于中关村国家自主创新示范区建设国家科技金融创新中心的意见》,当时目标设定在 2010 年完成科技与金融创新的有机结合,实现金融和科技创新的双丰收。这也使中关村加大了对金融创新的建设步伐,努力打造适合中关村发展的科技金融模式。

6.3.1 信用融资模式仍为未来主流

2000 年,中关村被纳入信用体系建设试点,从此开启了中关村科技企业信贷时代。对于中小型科技企业来讲,由于缺少固定资产作为抵押物,并且经营风险较大,基于这些特点,它们很难利用传统的商业贷款进行融资。但是现在,它们只需要利用良好的信用、积累优质的信用记录便可实现贷款融资。

近年来,在中关村企业信用促进会的帮助和促进下,越来越多的企业达到优质的信用评级水平，同时越来越多的银行已为中关村企业开办各种信用贷款业务，而且贷款金额逐年快速上升。截至2014年，所有银行共服务中关村1130家公司，提供贷款2600笔，发放贷款总额356.5亿元。从与中关村合作的商业银行来看，截至2013年末，已有28家银行为科技企业提供信用贷款，银行包括四大国有银行、股份制商业银行、地方性商业银行，同时还包括花旗银行、渣打银行在内的众多知名外资银行。自2013年，中国人民银行营业管理部与北京银行合作推出的"零信贷"；到2014年，中信银行与中关村合作，提供300亿元授信额度；再到2015年，北京银行推出贷款卡。一系列的信贷创新为中关村的信用贷款奠定了坚实的基础。然而，中国人民银行营业管理部公布，2014年高新技术产业贷款余额2000多亿元，同比增长36.5%。北京市本外币存款余额100480.1亿元，余额比上年增长11.2%，比2013年提高近三倍。这说明，北京仍有巨大的信贷资金等待利用。

中关村科技担保、租赁以及知识产权质押业务作为信用融资的一部分，也取得了突出的成绩，科技担保业务更是从2002年的10.9亿元增长至2014年的300亿元，增长速度之快使更多的科技型小微企业利用担保模式实现了企业创业和发展。

今后，中关村应完善科技信贷体系，全面加强对科技型中小企业的信贷支持。同时健全小额贷款、科技担保、租赁以及知识产权质押等业务，创新组合金融服务模式。使信用之树开遍整个中关村示范区。

6.3.2 天使投资追赶硅谷步伐

天使投资是中关村科技企业融资的主要形式，2014年，中关村的天使投资人达到2000多名，总金额超过13亿元。未来，中关村天使投资活动将更加活跃，天使投资机构和个人数量也将持续上升，而且天使投资人的投资实力也将更加完善。但是，由于天使投资人的资金项目的局限性，未来以组织机构、联合投资形式出现的天使投资方将占据今后的投资舞台。天使投资未来可能与孵化服务联系得更加紧密，有针对行业的投资模式，除向企业提供资金外，还会向企业提供后期的培训、技术等，比传统的天使投资更加全面、完善，创新工场等就是现有的这样一类公司。这种形式越来越向美国的硅谷靠近，硅谷正式通过这种"天使+孵化器"的模式培养了众多优质企业，这也正是中关村未来的希望。

6.3.3 资本市场多层次全面发展

中关村是全球 IPO 上市企业最多的地区，远远超过美国的硅谷。仅 2013 年，中关村上市企业达 8 家，累计上市企业 201 家。如此之多的上市企业在未来应该考虑做大做强，因此，今后必然面临大量的兼并重组案例。就像 Facebook 用 9 亿美元收购 Instagram；雅虎花费高达 13 亿美元兼并了 TUMBLR。这也是今后中关村科技企业的必经之路。对于现在未上市的企业，中关村将支持符合条件的企业上市，进入国内外资本市场，不断做强做大"中关村板块"。中关村的新三板市场未来仍是众多企业得以上市的重要途径，利用股权转让融资平台，不断扩大规模，平稳过渡，扩大企业的融资规模，拓宽融资途径。

6.3.4 互联网金融快速崛起

互联网金融在未来的金融体系发展壮大是未来发展的主流趋势。中关村的科技金融创新之路，离不开互联网金融，同时，它还将发挥重要的作用。人们现在已经迎来了互联网时代，足不出户便几乎可以解决所有问题。对于企业也是如此，互联网金融是解决企业融资、投资、财富创造的良好渠道。互联网金融将会成为科技金融的缩影，解决企业在资金方面的各种问题和困难。李克强总理在政府工作报告中用大量篇幅提到了"互联网+"行动计划，这就将互联网的发展提到了正式的日程中，提高了对互联网的要求，这对互联网金融来说，既是机遇又是挑战，中关村科技金融必须抓住这个历史机遇，加强互联网金融建设，使其为中关村的科技金融体系贡献更大的作用。

7
基于DEA方法的科技金融网络创新绩效评价

随着技术创新渗透到生产中的各个方面，科学技术与金融资本的结合已是促进我国经济、社会不断向前发展的主要动力。在经济逐步实现全球化、信息化的大背景下，企业所处的竞争环境也越来越激烈，金融资本对于高新技术行业的支持就显得更加重要。过去多年的实践证明了高新技术企业因为前期投入过高但是回报却没有保证，导致了这类企业普遍面临着融资困难的处境，进而影响企业的发展和经营。而高新技术企业作为科技金融网络的中心，只有维持其蓬勃发展，才能带动金融机构、科研机构以及政府的发展，最终实现社会的大进步。

截至目前，众多学者的研究都证明了一点：科学技术与金融资本的融合对社会各个行业的发展都有明显的促进作用。

Tadesse 在分析 36 个国家 15 年的数据的基础上，对金融资本体系对科学技术进步有没有作用进行研究，结果表明：不同的金融体系对科学技术发展的推动是不同的。Stonema 在大量数据的支撑下，对英国的技术创新与资本的关系进行研究，结果显示：金融资本对高新技术产业的发展有着显著的影响。

马丽仪、杨宜（2013）对科技与金融的结合形成的网络作出总结，提出了科技金融网络的概念。国内知名学者，崔毅、李兴伟、王海、叶元煦也都先后运用层次分析法、数据包络分析（以下简称"DEA 方法"）和 Malmquist 指数对部分地区的金融资本投入和科技产出的效率进行研究，并根据该地区的实际情况，提出相应的建议。

DEA 方法已经普遍被应用于效率的研究，也有学者用 DEA 方法对金融投入与科技产出的运作效率进行分析，但是大多数的文献探讨的是单个地区金融资本投入与科技成果产出的效率，而比较少站在全国的角度进行研究，并在宏观上对其提出建议。而且，大多数的文章都是对科技和金融进行研究，并不是对科技、金融以及其他成分组成的网络进行研究，即仅仅只是考虑到了科技与金融两个因素。因此，本书采用 DEA 方法对科技金融网络全国层面进行研究。

为了响应全球经济进入创新驱动的发展模式，2013 年以来，习近平总书记相继提出了"中国梦"、"新常态"等发展理念，多次强调创新的发展模式。在这样的大环境下，本书对科技金融网络的研究有助于找出我国在科技金融方面的发展短板，在此基础上，对我国相应的资源配置进行调整，以加强我国的竞争力。

本书在数据的支撑下，研究了科技金融网络之间各个成分的联系，之后采用 DEA 方法对我国 31 个省份的科技金融网络的运作效率进行横向分析，之后运用 Malmquist 指数对其进行纵向分析。最后结合我国的现状，提出相关的建议，这个研究对我国更好地进行资源配置有重大意义。

7.1 科技金融网络创新绩效评价研究综述

7.1.1 创新绩效评价研究综述

纵观国内外学者对创新绩效评价的研究历程，可以将其分为三个阶段：第一阶段（20 世纪 50~60 年代），是创新绩效评价研究的初始阶段，在该阶段提出了创新效率概念，并初步建立了一些指标体系和评价模型；第二阶段（20 世纪 70~80 年代），在该阶段创新绩效评价研究逐步规范化，提出了如 DEA 等综合评价方法；第三阶段（20 世纪 80 年代至今），是创新绩效评价研究的成熟阶段，在该阶段创新绩效评价理论体系得到了快速发展，出现了大量综合评价方法和模型，指标体系更加完善，评价更加全面、科学。

企业创新绩效评价主要有两种模式：（1）投入产出评价。是从技术创新整个投入和产出过程视角来评价其绩效。认为企业技术创新绩效评价应同时考虑技术创新的投入和产出的评价，进而可通过评价企业技术创新的投入和产出效率状态来衡量绩效，或通过评价企业技术创新的投入产出效率来衡量绩效。池仁勇、唐根年（2004），刘军、姚佐文（2009）运用 DEA 方法对我国各区域创新绩效进行了评价。谌燕、刘满凤（2005）等探索运用 DEA 方法对企业的创新绩效进行定量评价。苏屹等（2012）将高新技术企业的技术创新过程分为形成科技创新成果（专利）、成果的产品化与市场化两个阶段来考虑，构建改进的 DEA 模型，结合我国 26 个省市地区的数据对我国高新技术企业技术创新绩效评价。张梅（2013）运用的是以产出为导向的 DEA—Malmquist 模型定量分析了高新企业的创新绩效。严荣添（2010）把密值法应用于不同类型通用设备制造企业的技术创新绩效评估中。张晓芳、戴永务、刘燕娜（2010）从技术创新研发、技术创新管理、技术创新商业三个阶段来构建评价指标体系，建立了基于 BP 神经网络的技术创新绩效评价模型。王宗军等（2013）从经济效益、技术效益、创新基础和创新投入四个方面，建立了企业技术创新绩效评价指标体系，利用改进的熵模型对 2005～2011 年武汉市企业技术创新绩效进行了评价。（2）技术经济评价。是从创新的产出视角评价其绩效，企业创新绩效包括经济效益、社会效益和环境效益三个方面。经济效益是指创新对企业的贡献，主要指标有创新产品数、新产品销售收入和新产品利润率等；社会效益是社会的宏观层面，反映指标主要有创新产品对社会生产总值的贡献率、对顾客价值的创造等；环境效益主要是指创新产品对于环境改善和资源节约的贡献度等方面。胡恩华（2002），单红梅（2002），创建了基于模糊评价理论的企业持续技术创新绩效的评价模型，并进行了实证评价。从企业进行技术创新所创造的经济效益、社会效益两个方面构建出企业技术创新绩效评价的指标体系，应用模糊数学中的综合判断方法，对企业技术创新绩效进行整体的分析和综合评判。孙承飞、朱礼龙（2011），将企业技术创新体系分解为四个层面：三重业绩层面、利益相关者层面、内部流程层面、学习与成长层面，创建了基于模糊评价理论的企业持续技术创新绩效的评价模型。王青云、饶扬德（2004），吴亚桃（2006）先后从经济效益、社会效益和生态效益的角度建立了企业技术创新绩效评价的指标体系，并据此应用灰色系统的灰色评价理论，建立了企业技术创新绩效的灰色评估模型，旨在探讨基于灰色系统的企业技术创新绩效评价方法。田盈、潘晓琳（2008）综合运用主成分分析法和层次分析法，建立了系统综合评价的 AHP 变量加权主成分分析模型。吴际、矫贺明、石春生（2010）构建了基于模糊理论的创新绩效的评价模型。李兴宽、向刚、章胜平（2010）创建了基于粗糙集理论的企业持续创新绩效的评价模型，认为企业持续创新绩效，就是企业持续创新所获得的成绩和效果，即经济绩效、社会环境绩效、技术绩效等。尹惠斌、游达明（2014）利用 BP 神经网络原理建立了企业突破性创新绩效评价模型。通过对样本企业的突破性创新绩效评价进行模型训练和仿真验证，结果表明该评价方法可信度高，模型具有较好的泛化能力。

目前学术界评价创新系统绩效有两大类，分别是主观评价法和客观评价法。主观评价法主要有专家评判法、层次分析法、灰色关联分析法和模糊综合评价法等。这些方法的共同点是主观上要为每一个指标人为打分，这是主观评价法的核心。客观评价方法包括参数法和非参数法。参数方法是计量经济学中的数理统计方法，即在投入与产出之间假设明确的生产函数形式，然后根据一组投入产出观测数据，在满足某些条件下，利用回归分析的方法确定表达式中的参数。参数方法由于要事先估计一个生产函数，因此不同生产函数形式的选择及对其随机变量分布的假设，都会对效率的测算结果产生影响，在一定程度上影响效率的准确性和客观性。非参数方法主要采用数据包络分析法（DEA），它是著名运筹学家 A. Charnes 和 W. W. Cooper 这两位学者在"相对效率评价"基础上发展起来的一种新的系统方法，被用来衡量具有多输入与多产出特征的多个同类样本间相对效率的评价，与参数方法不同的是，DEA 不用事先估计生产函数的具体形式，而是通过线性规划的方法计算出生产的前沿面，从而避免了因错误的函数形式所带来的问题及对随机变量分布假设选择的问题。该方法被广泛应用测量创新系统绩效（Marla, 2000；刘顺忠、官建成, 2002；匡爱民, 2010；胡凯, 2012；毛才盛, 2013 等）。

7.1.2 协同创新网络绩效研究综述

目前国内外学者对创新网络的研究，主要是集中于对网络中企业的创新绩效进行评价以及影响因素的研究，对于网络整体的创新绩效的评价和研究尚不充分。Fan Dechen（2009）从环境、投入、产出、合作机制和效应等方面入手，建立产学研技术协同创新绩效评价指标体系，并运用模糊积分法对产学研技术合作创新进行了评价，找出存在的问题并提出了改进的措施。Chien 等（2010）通过统计的神经网络模拟研究，找到了自适应神经推理系统，并通过技术信息资源和创新目标构建一个神经网络模型来预测创新绩效。国内学者万幼清（2007）分析了知识重组过程中影响产业集群协同创新绩效的因素，建立了产业集群协同创新绩效模型。邓龙安、徐玖平（2008）认为网络内企业可以通过学习效应、差异性效应和市场势力实现网络创新绩效。陈文博（2010）构建了中小企业协同创新网络绩效评价体系，从协同创新可行性、协同创新有效性和协同创新稳定性三个维度，结合多级模糊层次综合评价法对协同创新网络绩效进行量化评价。许秀玲（2011）在建立企业创新网络管理综合评价指标体系的基础上，基于 BP 神经网络的综合评价方法，对创新网络的绩效管理进行评价。李林、袭勇（2013）从协同创新合作伙伴配合度、协同创新能力和协同创新机制三个方面出发，建立了一套攻关项目的协同创新绩效评价指标体系。

7.1.3 研究方法概述

数据包络分析（Data Envelopment Analysis，DEA），是对被评价对象进行相对的效率高低评价的基本方法。相对于参数的方法，DEA 方法依靠分析各组数据，采用局部逼近的办法构造前沿面生产函数模型来处理各个生产单元，之后进行相对的有效性评价。

DEA 的 CCR 模型与 BCC 模型主要是对决策单元的静态分析，也就是说这两个模型是在生产技术不变的大前提下进行分析的。但是，如果决策单元不是水平的，而是跨期的，那么 DEA 就无法给出决策单元在时间维度上的效率变动情况。而 Malmquist 指数正好弥补了 DEA 中 CCR 模型与 BCC 模型的缺点，其不仅可以用于考察面板数据，也可以用于考虑距离，并且能够进行垂直分析与比较。

本书选用 DEA 方法以及 Malmquist 指数作为主要分析模型的原因如下：

（1）DEA 方法在研究多个投入与多个产出的效率问题时被普遍地运

用,而本书需要研究 31 个省份的投入产出的相对效率。

(2) DEA 方法不是用投入与产出的函数关系去研究其关系,而是采用局部逼近的办法。不用确切的函数来计算,在某种程度上可以排除研究者的主观因素对其的影响,得出的结论也就更加合理可信。

(3) Malmquist 指数的相关价格的获取不是此模型的必要条件,在很多情况下要取得要素价格是非常难的,而投入和产出的数据相对来说就容易很多。

(4) Malmquist 指数可以用于分析不同决策单元在不同时期的效率,即可以对决策单元进行纵向的分析。

(5) Malmquist 指数测度出来的结果包含全要素以及技术、技术进步、规模的效率,所以可以用于考察整体以及对其细分以考察影响其整体效率的主要因素。

(6) Malmquist 在运算时不需要对经济体作出各方面的假设前提。

综上所述,截至目前,还没有找到一种对科技金融网络用生产函数进行具体估计分析的方法,而且,在研究分析的过程中会涉及 31 个省份的多项投入与多项产出,所以,本书选用了 DEA 模型以及 Malmquist 模型,旨在通过相关的指标来对科技金融网络的运营效率进行评价,并且测算出我国该网络的整体效率。

7.2 科技金融网络的创新绩效评价体系研究以及指标选取

7.2.1 科技金融网络的创新绩效评价体系研究

绩效评价是指组织按照预先确定的标准和一定的评价程序,运用科学的评价方法、按照评价的内容和标准对评价对象的工作能力、工作业绩进行定期或不定期的考核和评价。绩效评价是决策者改善管理、提高效益的重要手段。

在对科技金融网络绩效评价的体系设计上，本书先进行相关的理论解释，之后再进行实例分析。首先，本书在收集多方资料的基础上，对科技金融以及科技金融网络的内涵进行总结。其次，整合可收集到的相关数据，选取评价的投入产出指标，之后用 DEA 方法对 2011~2013 年的数据进行横向分析，再用 Malmquist 模型对其科技金融进行纵向分析，最后得出相关的结论，并对我国的科技金融网络提出相关的建议。

在研究对象的选取上，本书根据相关年鉴统计里的省市作为决策单元，总共选取了我国的 31 个省份在 2011~2013 年的多个科技金融的投入产出的指标作为决策单元。

本书选取绩效评价的研究体系以及选取投入产出指标时遵循以下原则：

（1）科学性，是指选取的输入输出指标体系必须能够准确反映出被评价网络的本质属性。

（2）可比性，是指选取的输入产出指标体系在不同的评价单元之间是可以进行比较的，与此同时，选取的指标必须要有明确的定义，且在比较范围内是保持一致的。

（3）可行性，是指指标相对应的数据必须是能够被收集到的，评价方法是可以被用于该研究的，在这两点的支撑下，该研究是可以顺利完成的。

7.2.2 科技金融网络的创新绩效评价指标选取

2003 年 David 在 *Managing Reverse Logistics Channels with Data Envelopment Analysis* 中指出，DEA 运用中的输入与输出必须是可以测量的，且理论上投入项要少于产出项。

已有文献中研究科技金融网络的投入产出的效率情况，对于本书指标的选取有着重要意义。本书在参考已有文献的基础上，综合考虑数据的可行性以及结合图 7-1 中科技金融网络的组成，本书选取以下变量作为投入产出的指标。

科技金融网络中的资本主要来自四个渠道，即政府资金、企业自有资金、风险投资资金以及信贷机构的贷款资金。考虑到能收集到的数据有

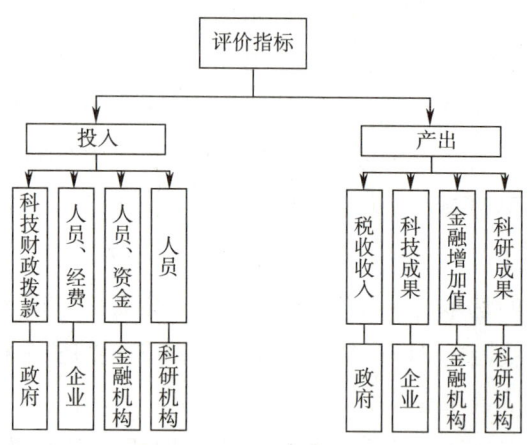

图 7-1　科技金融网络创新绩效评价的投入产出

限,本书选取"科技财政拨款"代表政府资金进入科技金融网络的量,"R&D 经费"代表企业自有资金投入网络中的量,企业"引进和消化的支出"和"贷款"代表风险投资机构以及信贷机构投入科技金融网络的资金,人员投入包括"R&D 人员"投入以及"金融机构的人员"投入。

在选取产出指标的时候,本书选取"税收"作为政府在科技金融网络中的产出;"技术成果交易额"以及"新产品销售收入"作为企业的产出;"金融增加值"作为银行的产出;"专利申请数以及论文发表数"作为科研机构的相应产出。

7.3　科技金融网络数据收集及创新绩效评价

7.3.1　省份评价指标数据收集

根据数据的可得性和完整性原则,本书从《中国科技年鉴》、《中国高新技术产业统计年鉴》以及"国家数据网"收集到 31 个省份的数据。31 个省份 2011~2013 年的详细投入产出数据见附录。

投入与产出指标解释如下：

（1）R&D 人员，指的是企业内从事各项研究试验的人员的总和。

（2）金融机构人员，指的是城镇以上从事金融行业工作的人员总和。

（3）R&D 经费：指的是企业单位开展 R&D 的相关活动的总支出。

（4）引进技术的消化吸收经费支出，指的是企业在引进外来技术的过程中以及将其转化为自己所有的过程中的支出总和。

（5）政府财政拨款，指的是企业以及科研机构接收的来自政府部门的资金总和。

（6）技术市场成交额，指的是技术市场上所有产品成交额的总和。

（7）新产品销售收入，指的是销售公司开发或者采用引进技术生产的较之前有所改进的新产品的收入。

（8）专利申请数，指的是科研机构在年度内发明创新的新客体等并向专利部提出申请的专利的数量。

（9）论文数，指的是以书面形式发表的科研成果。

（10）金融增加值，指的是金融机构所有活动产生的价值的总和。

（11）税收收入，指的是包含国税局以及地税局在内，征收的所有税收的总和。

7.3.2 DEA 结果分析

根据 Deap2.1 的运算结果，我们得出以下结果，如表 7-1 所示。

表 7-1　　　　2011~2013 年 31 个省份 DEA 运行结果

年份	2011				2012				2013			
省份	综合效率(Crste)	技术效率(Vrste)	规模效率(Scale)	建议(Advice)	综合效率(Crste)	技术效率(Vrste)	规模效率(Scale)	建议(Advice)	综合效率(Crste)	技术效率(Vrste)	规模效率(Scale)	建议(Advice)
北京	1	1	—	1	1	1		1	1	1		
天津	1	1	1	—	1	1	1		1	1	1	
河北	1	1	1	—	0.948	1	0.948	drs	1	1	1	
山西	1	1	1	—	1	1	1	—	0.71	0.839	0.847	drs

续表

年份	2011				2012				2013			
省份	综合效率(Crste)	技术效率(Vrste)	规模效率(Scale)	建议(Advice)	综合效率(Crste)	技术效率(Vrste)	规模效率(Scale)	建议(Advice)	综合效率(Crste)	技术效率(Vrste)	规模效率(Scale)	建议(Advice)
内蒙古	1	1	1	—	1	1	1	—	1	1	1	—
辽宁	0.843	1	0.843	drs	1	1	1	—	0.946	1	0.946	drs
吉林	1	1	1	—	1	1	1	—	1	1	1	—
黑龙江	1	1	1	—	1	1	1	—	1	1	1	—
上海	1	1	1	—	1	1	1	—	1	1	1	—
江苏	1	1	1	—	1	1	1	—	1	1	1	—
浙江	1	1	1	—	1	1	1	—	0.888	1	0.888	drs
安徽	0.746	0.864	0.863	drs	1	1	1	—	0.805	0.83	0.97	drs
福建	1	1	1	—	1	1	1	—	1	1	1	—
江西	1	1	1	—	1	1	1	—	1	1	1	—
山东	0.81	0.953	0.851	drs	0.887	1	0.887	drs	0.89	1	0.89	drs
河南	0.743	0.955	0.778	drs	0.78	1	0.78	drs	1	1	1	—
湖北	1	1	1	—	1	1	1	—	1	1	1	—
湖南	0.898	0.938	0.958	drs	1	1	1	—	0.989	1	0.989	drs
广东	1	1	1	—	1	1	1	—	1	1	1	—
广西	0.899	0.991	0.907	drs	0.919	1	0.919	drs	1	1	1	—
海南	1	1	1	—	1	1	1	—	1	1	1	—
重庆	1	1	1	—	1	1	1	—	1	1	1	—
四川	0.976	1	0.976	drs	1	1	1	—	1	1	1	—
贵州	1	1	1	—	1	1	1	—	1	1	1	—
云南	1	1	1	—	1	1	1	—	1	1	1	—
西藏	1	1	1	—	1	1	1	—	1	1	1	—
陕西	1	1	1	—	1	1	1	—	1	1	1	—
甘肃	1	1	1	—	1	1	1	—	1	1	1	—
青海	1	1	1	—	1	1	1	—	1	1	1	—
宁夏	1	1	1	—	1	1	1	—	1	1	1	—
新疆	1	1	1	—	1	1	1	—	1	1	1	—

其中，对于规模效率不等于 1 的省份，DEA 建议其应该缩小规模（drs）或者是扩大规模（ins）。

7.3.2.1 综合效率结果分析

（1）总体分析。2011~2013 年的综合效率得分为 1 的省份个数分别为 24 个、27 个、25 个，也就是说，样本分布比例分别为 77.42%、87.10%、80.65%，说明在 31 个省份中，大部分地区的科技金融网络的投入与产出是相对有效的，也就是说，这些省份在科技金融网络的资源配置上是比较合理的。但是 3 年里各省综合效率小于 1 的省份也分别占到了 22.58%、12.90%、19.35%，也就是说这些省份投入与产出的效率相对来说是无效的。

（2）2011~2013 年整体效率得分在 0.9~1 的省份分别有 1 个、2 个、2 个，虽然这些省份的综合效率得分都小于 1，但是都非常接近于 1，也就说明了这些省份属于非显著相对有效，这些省份只要根据实际情况，小范围地调整相关的投入就能实现其相对有效的资源配置。

（3）3 年里综合效率在 0.6~0.9 的分别有 7 个、4 个和 5 个，也就是说这些省份均为非 DEA 有效，也可看出，这些省份在资源配置方面还有比较大的提升空间，这些省份要提高效率值就需要对多个输入以及输出项目进行调整。

表 7-2　　　　　　　　综合 DEA 值分布

	效率分布区间	0.6~0.9	0.9~1	1
2011 年	年省份数	6	1	24
	样本分布比例（%）	19.35	3.23	77.42
2012 年	年省份数	2	2	27
	样本分布比例（%）	6.45	3.23	77.42
2013 年	年省份数	4	2	25
	样本分布比例（%）	12.90	6.45	80.65

7.3.2.2 纯技术效率结果分析

（1）总体分析。如表 7-3 所示，2011~2013 年分别有 26 个、31 个、29 个省份技术效率是有效的，其中 2011 年的辽宁、四川；2012

年的河北、山东、河南、广西；2013年的辽宁、浙江、山东、广西的纯技术效率有效，但是其综合效率仍然是非DEA有效的，很明显，这些省份的产出相对于投入来说还是太高了，也有可能其规模效率是非DEA有效的，若是想要使其得分变高，就需要对其规模作出相应的调整。

（2）2011~2013年对于技术效率处于0.6~1的省份，即技术非有效的省份分别有1个、0以及2个，也就是说这些省份的科技金融网络中的投入与产出的配置并不是有效的，即科技金融网络的产出相对于现有水平的投入还是太低了。

表7-3　　　　　　　　　纯技术DEA值分布

效率分布区间		0.6~0.9	0.9~1	1
2011年	年省份数	1	4	26
	样本分布比例（%）	3.23	12.90	83.87
2012年	年省份数	0	0	31
	样本分布比例（%）	0.00	0.00	100.00
2013年	年省份数	2	0	29
	样本分布比例（%）	6.45	0.00	93.55

7.3.2.3　规模效率结果分析

（1）总体分析。2011~2013年规模效率不变的省份分别有24个、27个和25个，不存在规模效率递增的省份，而规模效率递减的省份分别有7个、4个和6个。

（2）根据表7-3，2011~2013年DEA运行结果建议保持规模不变，与此同时，其技术得分为1的省份分别为24个、27个和25个，也就是说，这些省份在当前的投入下，所得到的产出已经是最大的，即资源实现了较好的配置。

2011~2013年规模递减且技术DEA非有效的决策单元分别有7个、4个、6个，即2011年的辽宁、安徽、山东、河南、湖南、广西以及四川；2012年的河北、山东、河南、广西；2013年的山西、辽宁、浙江、安徽、山东、湖南。这说明这些省份存在金融资本等投入太高，而科技相关的产出过低的现象，所以需要相应地调整其规模。

表 7-4　　　　　　　　　规模 DEA 值分布

效率分布区间		0.6~0.9	0.9~1	1
2011 年	年省份数	4	3	24
	样本分布比例（%）	12.90	9.68	77.42
2012 年	年省份数	2	2	27
	样本分布比例（%）	6.45	6.45	87.10
2013 年	年省份数	3	3	25
	样本分布比例（%）	9.68	9.68	80.65

表 7-5　　　　　　　　　规模效率分布

效率分布区间		Drs	—	Irs
2011 年	年省份数	7	24	0
	样本分布比例（%）	22.58	77.42	0
2012 年	年省份数	4	27	0
	样本分布比例（%）	12.90	87.10	0
2013 年	年省份数	6	25	0
	样本分布比例（%）	19.35	80.65	0

7.3.2.4　非 DEA 有效省份的改进分析

（1）综合得分不为零而松弛变量为零的决策单元分析

2011 年的辽宁（0.843）、湖南（0.898）、四川（0.976）；2012 年的河北（0.948）、山东（0.887）、河南（0.78）、广西（0.919）；2013 年的辽宁（0.946）、浙江（0.888）、山东（0.890）、湖南（0.989）（括号内的数值为其综合效率得分）。

以上年度的这些省份的最终得分不是 1，即它们是非 DEA 有效的，但是根据运算结果，其松弛变量全为 0，也就是说其投入与产出是有效率的，但是其规模是无效的，所以以上省份只需要适当调整投入产出的规模，就可以达到 DEA 有效的结果。

（2）综合得分不为零且松弛变量也不为零的决策单元分析

表 7-6　　　综合得分不为零且松弛变量也不为零的省份分析

年份	省份	综合效率（Crste）	技术效率（Vrste）	规模效率（Scale）	建议（Advice）
2011	安徽	0.746	0.864	0.863	drs
	山东	0.81	0.953	0.851	drs
	河南	0.743	0.955	0.778	drs
	广西	0.899	0.991	0.907	drs
2013	山西	0.71	0.839	0.847	drs
	安徽	0.805	0.83	0.97	drs

针对表 7-6 中 6 个非有效 DEA 省份，从多方面对其进行分析：

1）安徽（2011 年）

表 7-7　　　　　　2011 年安徽 DEA 运行结果

变量值 Variable Value	原始值 Original Movement	投入冗余值 Radial Movement	产出不足值 Slack Value	目标值 Projected
（O）技术市场成交额/亿元	65.03	10.208	0	75.238
（O）新产品销售收入/万元	2586786	406039.1	2358065	5350890
（O）专利申请数/件	2289	359.297	0	2648.297
（O）论文数/篇	34321	5387.251	0	39708.25
（O）金融增加值/亿元	503.85	79.088	159.513	742.45
（I）R&D 人员/人	1108.31	173.968	0	1282.278
（I）金融从业人员	122640	0	-12543.5	110096.5
（I）R&D 经费/万元	16.04	0	0	16.04
（I）企业吸收与引进支出经费/万元	2146439	0	0	2146439
（I）财政科技拨款/亿元	17737.6	0	-7174.78	10562.82

①效率得分

DEA 的综合得分反映的是这个省份所有总投入与总产出得到的比值，从表 7-6 可以看出安徽的得分是 0.746，即其效率是那些 DEA 有效省份的74.6%，也就是说，即使减少25.4%的投入，依然可以达到现在的产出量。

②对照组设定

DEA软件分析给出那些有效率的决策单元，使它们与被评价单元在输入、输出上尽量相似，称为对照组设定，对照组中的有效决策单元是在前沿面上的，它们合成的目标值就是被评价单元改进后的期望价值。因为它们与待评价决策单元的相似性，对照组中的参数为决策者改进非技术有效的决策单元提供了良好的参考，一个技术有效的决策单元的对照组就是它本身。

表7-8　　　　　　　　2011年安徽对照组

对照组（Peer）	比重（Lambda Weight）
上海	0.043
四川	0.233
黑龙江	0.133
广东	0.04
云南	0.436

DEA模型为安徽找到的对照组是由上海、四川、黑龙江、广东以及云南5个省份合成的，并给出了权重分别为0.043、0.233、0.1335、0.04和0.436，选取这些省份是因为它们跟安徽的部分项目很相似。

③目标价值

如表7-7最后一列所示为安徽的目标值，可以看到产出技术市场成交额、新产品销售收入、专利申请数、论文发表数、金融增加值以及税收收入都存在不足，即按照现有投入的情况，对应产出应有相应的增加。

综合以上数据，DEA模型的分析结果建议安徽在原来的基础上适当地减小相关投入的规模，以达到最终的DEA有效。

2）山东（2011年）

表7-9　　2011年山东DEA运行结果

变量值 Variable Value	原始值 Original Movement	投入冗余值 Radial Movement	产出不足值 Slack Value	目标值 Projected
(O) 技术市场成交额/亿元	126.38	6.243	14.88	147.503
(O) 新产品销售收入/万元	15364345	759008	15209685	3133308
(O) 专利申请数/件	5611	277.187	10677.62	16565.81
(O) 论文数/篇	46954	2319.556	0	49273.56
(O) 金融增加值/亿元	1640.41	81.037	0	1721.447
(I) R&D 人员/人	2603.13	128.596	0	2731.726
(I) 金融从业人员	327252	0	-40785.9	286466.1
(I) R&D 经费/万元	34.62	0	-2.103	32.517
(I) 企业吸收与引进支出经费/万元	8443667	0	-2699875	5743792
(I) 财政科技拨款/亿元	40344.4	0	-12023.1	28321.35

①效率得分

DEA 的综合得分反映的是这个省份所有总投入与总产出得到的比值，从表7-6可以看出山东的得分是0.81，即其效率是那些DEA有效省份的81%，也就是说，即使减少19%的投入，依然可以达到现有的产出量。

②对照组设定

表7-10　　2011年山东对照组

对照组（Peer）	比重（Lambda Weight）
浙江	0.043
四川	0.217
河北	0.342
广东	0.398

DEA 为山东找到的对照组是由浙江、四川、河北以及广东4个省份合成的，并给出了权重分别为0.043、0.271、0.342、0.0398，选取这些省份是因为它们跟山东的部分项目很相似。

③目标价值

如表7-9最后一列所示为山东的目标值，可以看到产出技术市场成交额、新产品销售收入、专利申请数、论文发表数、金融增加值以及税收收入都存在不足,即按照现有投入的情况,对应产出应有相应的增加。

综合以上数据,DEA 模型的分析结果建议山东在原来的基础上适当地减小相关投入的规模,以达到最终的 DEA 有效。

3) 河南 (2011 年)、广西 (2011 年)、山西 (2013 年)、安徽 (2013 年)

表 7-11　　　　　　2011 年河南 DEA 运行结果

变量值 Variable Value	原始值 Original Movement	投入冗余值 Radial Movement	产出不足值 Slack Value	目标值 Projected
(O) 技术市场成交额/亿元	38.76	1.847	88.736	129.342
(O) 新产品销售收入/万元	1363879	64975.505	3376893.506	4805748.01
(O) 专利申请数/件	1610	76.701	152.519	1839.22
(O) 论文数/篇	47313	2254.002	0	49567.002
(O) 金融增加值/亿元	868.2	41.361	0	909.561
(I) R&D 人员/人	1263.1	60.174	0	1323.274
(I) 金融从业人员	167386	0	-47500.32	119885.68
(I) R&D 经费/万元	23.81	0	-7.344	16.466
(I) 企业吸收与引进支出经费/万元	2644922.5	0	0	2644922.5
(I) 财政科技拨款/亿元	22784.7	0	-8490.086	14294.614

表 7-12　　　　　　2011 年广西 DEA 运行结果

变量值 Variable Value	原始值 Original Movement	投入冗余值 Radial Movement	产出不足值 Slack Value	目标值 Projected
(O) 技术市场成交额/亿元	5.64	0.05	23.369	29.059
(O) 新产品销售收入/万元	453742.5	4046.838	389372.154	847161.493
(O) 专利申请数/件	262	2.337	155.594	419.931
(O) 论文数/篇	23931	213.436	0	24144.436
(O) 金融增加值/亿元	445.37	3.972	0	449.342
(I) R&D 人员/人	644.8	5.751	183.846	834.397
(I) 金融从业人员	61185	0	-4603.856	56581.144
(I) R&D 经费/万元	11.01	0	-0.079	10.931
(I) 企业吸收与引进支出经费/万元	810205.3	0	0	810205.3
(I) 财政科技拨款/亿元	5688.5	0	-5008.797	679.703

表7-13　　　　　　　　2013年山西DEA运行结果

变量值 Variable Value	原始值 Original Movement	投入冗余值 Radial Movement	产出不足值 Slack Value	目标值 Projected
(O) 技术市场成交额/亿元	52.77	10.14	18.571	81.482
(O) 新产品销售收入/万元	473709.5	91029.66	953665.3	1518404
(O) 专利申请数/件	452	86.858	720.438	1259.295
(O) 论文数/篇	13373	2569.802	11554.35	27497.15
(O) 金融增加值/亿元	809.9	155.633	0	965.533
(I) R&D人员/人	1136.89	218.469	0	1355.359
(I) 金融从业人员	73896	0	0	73896
(I) R&D经费/万元	15.61	0	-3.103	12.507
(I) 企业吸收与引进支出经费/万元	1549798.9	0	0	1549799
(I) 财政科技拨款/亿元	4209.7	0	0	4209.7

表7-14　　　　　　　　2013年安徽DEA运行结果

变量值 Variable Value	原始值 Original Movement	投入冗余值 Radial Movement	产出不足值 Slack Value	目标值 Projected
(O) 技术市场成交额/亿元	130.83	26.705	89.626	247.161
(O) 新产品销售收入/万元	4199537	857222.339	2983812	8040571
(O) 专利申请数/件	3784	772.402	0	4556.402
(O) 论文数/篇	37394	7632.978	0	45026.98
(O) 金融增加值/亿元	912.77	186.317	55.706	1154.794
(I) R&D人员/人	1520.22	310.312	0	1830.532
(I) 金融从业人员	180632	0	-28639.3	151992.7
(I) R&D经费/万元	17.24	0	0	17.24
(I) 企业吸收与引进支出经费/万元	3520832.6	0	0	3520833
(I) 财政科技拨款/亿元	11634.6	0	0	11634.6

①效率得分

从表7-6可以看出，以上省份（自治区）的得分都不足1，也就是说其效率相对于那些DEA有效省份是比较低的，也就是说，即使减少一定量的投入，依然可以达到现有的产出量。

②目标价值

表 7-11 至表 7-14 最后一列所示为各省份的目标值，可以看到产出技术市场成交额、新产品销售收入、专利申请数、论文发表数、金融增加值以及税收收入都存在不足，即按照现有投入的情况，对应产出应有相应的增加。

综合以上数据，DEA 模型的分析结果建议以上各个省份在原来的基础上适当地减小相关投入的规模，以达到最终的 DEA 有效。

7.3.3 Malmquist 指数分析

以下为 Malmquist 指数分析输出项解释。

全要素生产效率（Total Factor Productivity）是指在一定时期内包括国家或者地区，含政府、企业等在内的一个生产单元生产的总产出与总投入的比，主要用于衡量一定区域或者是一定部门的投入产出效率，其可以全面地分析所有要素。

技术效率（EFF）是指在既定的投入下实现了产出最大化，或者在生产既定的产出时实现了投入最小化，如通过多年的实践经验促进了生产效率的改善。

规模效率（SE）是由于企业规模因素影响的生产效率，如企业适当地对其规模进行调整导致了生存率的增长。

技术进步效率（TECHC）主要指的是技术的创新程度，如采用新的设备促进了生存率的提高。

以下为科技金融网络的总体全要素生存率变动及分解。

我国 31 个省份 2011~2013 年 Malmquist 生产指数及其分解情况如表 7-15 所示，其中，技术效率 = 纯技术效率 × 规模效率，全要素生产率 = 技术效率 × 技术进步效率。Malmquist 指数大于 1，表示这一年度的数据较上一年度有所进步；小于 1 表示本年度相对于上一年度来说，效率有所下降；等于 1 则说明效率相对于上年度不退步不进步。

从 2011~2012 年以及 2012~2013 年的 31 个省份 Malmquist 生产指数及其分解表（详见附录）的数据可知，2011~2012 年，仅有 12 个省份实现了效率的增长，而 2012~2013 年，仅有 5 个省份未能实现效率的增长。

从表 7-15 中可以看出，各省份的全要素效率是否得到改进主要取决于技术进步，也就是说，技术进步推动了效率的增长，而这个结论符合技术创新理论。相对于技术进步效率，技术效率以及规模效率对全要素的提高的影响还是比较小的。

从表 7-15 中我们也可以看出，除了辽宁、吉林、广西、西藏以外，其他省份 2012~2013 年全要素的效率进步程度都较 2011~2012 年大。同时我们可以看出，2012 年较 2011 年，大部分的省份生产效率有所下降，而 2013 年相对 2012 年，生产效率有较大的提升。

表 7-15　2011~2013 年 31 个省份 Malmquist 生产指数及其分解

省份	技术效率指数（Effch）	技术进步指数（Techch）	纯技术进步指数（Pech）	规模效率（Sech）	全要素生产率指数（Tfpch）
北京	0.785	1	1	0.785	0.785
天津	1	0.817	1	1	0.817
河北	1	0.859	1	1	0.859
山西	1	1.264	1	1	1.264
内蒙古	0.995	0.963	1	0.995	0.958
辽宁	1	0.797	1	1	0.797
吉林	1	0.873	1	1	0.873
黑龙江	1.016	0.904	1	1.016	0.918
上海	1	0.972	1	1	0.972
江苏	1	1.999	1	1	1.999
浙江	1	0.94	1	1	0.94
安徽	1	1.064	1	1	1.064
福建	1	0.107	1	1	0.107
江西	1	0.22	1	1	0.22
山东	1	0.374	1	1	0.374
河南	1	4.297	1	1	4.297
湖北	1	0.94	1	1	0.94
湖南	1	1.443	1	1	1.443
广东	1	1.608	1	1	1.608
广西	1.002	1.322	1	1.002	1.324

续表

省份	技术效率指数 （Effch）	技术进步指数 （Techch）	纯技术进步指数 （Pech）	规模效率 （Sech）	全要素生产率指数 （Tfpch）
海南	0.996	1.619	1	0.996	1.613
重庆	0.996	0.136	1	0.996	0.136
四川	1	0.751	1	1	0.751
贵州	0.988	5.092	0.988	1	5.03
云南	1	7.994	1	1	7.994
西藏	1	0.841	1	1	0.841
陕西	1	5.76	1	1	5.76
甘肃	1	1.137	1	1	1.137
青海	1	1.526	1	1	1.526
宁夏	1	8.158	1	1	8.158
新疆	1	9.342	1	1	9.342
均值	1	1.212	1	1	1.211

从表 7-15 中可以看出，从效率的变化来看，除了北京、内蒙古、海南、重庆、贵州外，其他省份的技术效率变化均不小于 1，技术效率指数的年均增长为 1，也就是说，整体来看各省份的资源配置效率并没有得到较大的改善，但是贵州在此期间资源配置有所改善，余下省份的技术效率变化指数均为 1。

从技术变化来看，大部分省份的技术水平均表现出下降的趋势，技术进步指数均小于 1，也就是说这些省份的技术进步作用没有得到重视，最终对科技金融的全要素生产效率产生负的影响。其中，天津、河北、吉林等省份不足 0.9，内蒙古、上海、黑龙江等省份虽然超过了 0.9，却不足 1，也就是说这些省份要在投入方面作出一定的改进，需要进一步提高其生产技术的水平。与此同时，山西、河南、宁夏、新疆等省份实现了生产技术水平较 2011 年的较大提高。

综合来看，2011~2013 年，接近一半的省份的全要素生产率变动值均小于 1，而另一半的省份的全要素生产效率变动大于 1，也就是说，在这三年里有一半的省份的资源使用效率有所下降，而另一半的省份的资源配置效率则得到了提高。以细分要素来看，其技术进步的缓慢发展阻碍了科技金融全要素的提高。

7.3.4 小结

本书通过运用 DEA 方法对我国 31 个省份在科技金融网络创新绩效进行研究，同时用 Malmquist 指数对这些省份的年间效率进行分析。研究发现，经济发展名列前茅的省份，其 DEA 的效率就不一定高，因为高投入需要高产出，而有些前线城市有较高的投入却没能达到相对应标准的产出，所以各省份需要把注意力适当地放在资源配置上。从 2011~2013 年的 DEA 运算结果来看，大部分省份实现了资源配置的相对有效，所以各省份还需要适当地扩大融资渠道以促进科技金融网络的发展。Malmquist 指数的分析显示了促进技术进步是解决我国当前科技金融发展缓慢的主要方法，所以我国依然应该把重心放在促进社会的技术进步方面。

此外，作者认为本书对科技金融网络创新绩效的研究还存在一些改进的方面：

（1）DEA 方法运用的是局部逼近的方法去判断决策单元的有限性，也就是说在所有的决策单元中至少有一个是"标尺"，并以此判断其他的决策单元的有效性并得出改进建议，但是我们没能够对这些 DEA 有效的决策单元有确切的建议。对于这个问题，我们是否可以结合我国多年的数据以及发达国家的数据，构建一个更加合理的"标准"，之后再进行研究。

（2）我国科技金融网络的发展尚处于初级阶段，国家以及各地区针对科技金融网络的统计数据还比较匮乏，本书在研究过程中所选取的指标是在能够收集数据的基础上进行设计的，并非完美的测量标准。

8
提升科技金融网络创新绩效的对策建议

科技型中小企业具有投资风险高、投资回报率高，人力资源密集的固有特征，这要求在发展时，需充分利用企业内外的各种资源优势。在科技金融网络中，首先，应加强与其他行为主体之间联系的密度和强度，拓展和加强与上下游企业、科研机构、政府部门、金融中介机构等各种成员的联系和互动，以激发企业的创新灵感；其次，与其他网络机构建立并维持长期的、密切的、重复程度高的联结关系，有助于科技型中小企业获得信息、知识与资源，提高技术创新水平；再次，科技型中小企业应当积极争取在科技金融网络中位居网络中心地位，成为网络的核心成员，可以享有信息优势和控制优势，更有利于自己获得较丰厚的利润；最后，处于网络节点的各个行为主体之间应本着互惠平等的理念，实现更大程度的资源共享，以保证信息流动的通畅和网络结构的稳定性，促进相互的发展和创新。

8.1 科技金融网络要素间的全面协同对创新绩效的影响

基于协同理念的科技金融网络要素的发展主要体现在两个层次上：一是各要素本身所具有的水平提升或是某几项要素互动发展水平的改善；二是要素间协同发展程度的增进，特别是要素全面协同发展程度的增强。

8.1.1 社会网络关系影响企业创新绩效

社会网络关系特征影响企业组织学习的模型揭示创新型产业集群中的协同创新平台、公共服务平台等创新资源的作用，这表明建设创新型产业集群的协同创新平台的重要意义，协同创新平台能有效促进企业的组织学习，为大力发展协同创新平台、产学研工程等发展提供了理论支持。调研发现，创新型产业集群中的公共服务平台数量较少，在人才平台、金融平台上仍需加强。创新型产业集群应构建多层次的金融市场，建立创新投入的风险共担和补偿机制，发展金融中介服务；同时，建设人才城、院士创新创业园，吸引和留住高端人才。①

8.1.2 科技金融网络主体素质提升对创新绩效的作用最为突出

从科技金融网络主体素质来分析，网络中各类组织的规模和行为功能的发挥程度体现了创新主体和相关主体的素质水平。研究表明，以企业及科研院所为集中代表的创新主体素质提升对科技创新绩效的作用最为突出，应当鼓励企业及科研机构不断加强科技投入，追求更高的产出效率，为科技创新及进步作出更大的贡献。事实上，在市场化程度不断提高的趋势下，企业应当是区域技术创新的最关键主体，实践中不仅要充分发挥大型企业在技术创新方面的优势，因为大企业具有技术创新所需的雄厚资金实力，同时也要切实调动中小企业的技术创新积极性。研究还表明，政府的服务质量和水平对科技创新绩效的影响也很大，这符合我国各区域政府是科技发展的重要推动力的事实，各区域政府应当努力提升服务水平，为本区域科技的进步与发展提供有力的保障。转变政府职能是体制改革的一项重要任务，政府应有的职能简明扼要地表述就是充当"守夜人"的角色，一方面政府不应当具体干预企业的日常经营事务，另一方面政府要为区域技术创新创造良好的环境，为区域内企业和科研院所的技术创新活动提供力所能及的资金支持，同时引导社会资金参与到区域创新活动中来。另外，政府要建立健全与区域内技术创新有关的法律法规制度，比如要完善知识产权保护制度。一个好的知识产权保护制度一方面有利于调动科技研发者的创新积极性，另一方面又有利于科研成果在区域内的合理转移及扩散，这对提升区域创新能力是十分有利的。

8.1.3 知识的转移、扩散、转化与应用对科技创新绩效具有显著作用

知识的转移与扩散、知识的转化与应用是创新网络要素互动的集中体

---

① 张骁，唐勇，周霞. 创新型产业集群社会网络关系特征对创新绩效的影响［J］. 科技管理研究，2016（2）.

现形式，它们对科技创新绩效的影响具有显著作用。各地应当为技术知识在区域内部以及区域间的交流提供条件，并促进技术知识在组织间的相互学习，从而使技术知识在区域内及区域间实现充分共享，最终让知识的优势转化为经济优势。特别是区域内各创新主体要善于将知识加以开创性应用，促进科技成果的转化。另外，要有效促进知识的转移与扩散、转化与应用必须清晰认识区域创新中所产生的显性知识和隐性知识，显性知识的扩散及应用固然重要，但隐性知识的共享与应用更是一个不容忽略的环节，隐性知识如创新的经验、诀窍等是要通过面对面交流才能有效共享，而其一旦被有效共享，往往能构建区域创新难以模仿的独特优势。另一方面，在区域创新中还要注重促成技术知识在个人层次、团队层次、组织层次以及组织间层次的螺旋式互动共享，以充分发挥技术知识在创新过程中的催化剂作用。

8.1.4 科技金融网络的软硬件环境对科技创新绩效的影响比较复杂

科技金融网络所处的硬环境和软环境也是网络含义上的延伸，从环境对地区科技创新绩效的影响分析，其具体情况比较复杂。以创新基础设施为集中代表的硬环境和以市场需求、人员素质及创新倾向为集中代表的可测量部分软环境联合起来对地区科技创新绩效的影响在1%和5%的显著性水平上不显著，在10%的显著性水平上还是显著的，且其估计系数仍为正，这说明创新环境对地区科技创新绩效的影响依然可以认为是明显的[①]。要营造一个有利于区域创新的软硬环境需要各方共同的努力，从微观层次分析，创新主体如企业对区域创新中人员素质的提高以及创新倾向的增强拥有不可推卸的责任，企业要通过加大对科技人员的培训力度以及通过向科研人员倾斜的激励制度设计来提高人员素质及创新倾向。从宏观的角度分析，政府应当致力于解决区域创新中存在的市场失灵问题。由于

---

① 贺灵，单汨源，邱建华. 创新网络要素及其协同对科技创新绩效的影响研究 [J]. 管理评论，2012 (8).

创新基础设施属于公共物品，由市场所供给的数量通常不能满足创新需求，政府应当加大基础设施的完善力度；在科技创新的基础研究及共性关键技术的应用开发方面，由于其研究成果也存在公共品的属性，政府也要加大对资金的引导力度，为创新提供宽松的金融支持；另外，创新的发展需要以市场需求为动力，而区域经济的增长是形成市场有效需求的拉动力，因此区域政府应当努力推动本地区经济发展水平的提高，从而有效提升地区对创新产品或技术的需求。此外，政府加大对教育的投入力度也是提升软环境中人员素质的有效途径。

进一步从实证的结果可知，由于难以量化的区域文化，特别是地区创新文化因素存在地区间的差异，这些文化因素对各地区的科技创新绩效有显著影响，且随着时间的推移有逐渐加强的趋势。因此，各地区要加大力度营造有利于区域科技发展与技术创新的文化氛围，当然这种文化的营造与培植不是一蹴而就的事情，需要长期的改善。另外，创新文化中重要的一点就是要宽容创新失败，鼓励创新成果，只有这样在区域内才能形成良好的创新氛围，这种氛围是创新文化的集中体现。

8.1.5 科技金融网络要素的全面协同对科技创新绩效产生正向积极影响

科技金融网络的创新管理工作不仅要专注某一创新要素本身水平的提高，如企业创新水平的提高、金融机构服务水平的提高等，更重要的一方面就是要从系统的高度，以协同的理念为指导促进创新要素的全面协同发展。实践中要不断完善区域技术创新的组织系统，为区域创新奠定良好的组织平台，同时要加快技术平台的建设和完善，组织平台和技术平台建设是促进创新要素协同发展的前提。另外，区域技术创新如同企业的技术创新工作，同样存在界面管理的问题，即存在跨组织、跨部门之间管理上的衔接和配合，信息的交流与共享，矛盾冲突的化解与处理。创新过程中要经常进行跨行业、跨部门的交流活动，促进与区域创新有关的各类信息在区域内的合理流动，这对于优化配置区域科技创新资源，提升区域创新绩效会起到积极的推动作用。

8.2 完善科技金融网络架构的措施

8.2.1 企业在提升自主创新能力的同时要加强与网络其他主体的联系

企业是科技创新的主力,要致力于创新,更应该重视其创新绩效。为了提高创新绩效,企业首先要将其自身吸收能力的建设提高到战略高度,建立企业内部知识管理系统,组织各种跨部门的正式或非正式的知识与信息分享活动(如信息共享、主题知识竞赛、头脑风暴等),在整个企业内部形成良好的学习与合作氛围,以培养和提高员工的知识获取、消化、吸收和应用能力以及开发新产品和服务的创新能力。

其次,企业要提高创新绩效,还应该尽力与其供应链上下游企业(供应商、客户)乃至竞争对手、相关科研院所、技术中介、投融资金融机构及相关政府部门构建有多方参与的创新网络,制度化地组织或参与正式和非正式的紧密、频繁及主题突出的各类活动,形成良好的互动与合作关系,以促进网络内的知识、技术及资源的有效流动,更好地达成有较高绩效的协同创新。而政府相关部门也应该通过制定相应的制度、政策及法规,创造良好的创新合作平台与环境,组织和鼓励企业参与各类正式或非正式的知识、信息与资源分享活动(如创新论坛、技术交易会、创新沙龙等),并通过加强基础设施建设(如科技园、孵化器等)来促进企业间的联系,鼓励企业建立广泛的合作联盟,打造开放式的合作创新网络。[1]

---

[1] 刘学元,丁雯婧,赵先德.企业创新网络中关系强度、吸收能力与创新绩效的关系研究[J].南开管理评论,2016(1).

8.2.2 培育和提升企业网络能力对提高创新绩效至关重要[①]

（1）网络能力对信息获取、知识获取和资金获取均有显著的直接正向影响。在整体 SEM 验证中，网络能力→信息获取、网络能力→知识获取和网络能力→资金获取这三条路径均通过显著性检验。这说明，科技型小微企业的网络能力越强，越有利于企业从外部网络中获取信息、知识和资金资源。因此，对科技型小微企业而言，必须积极培育和提高企业的网络感知和识别能力，主动获取潜在合作者的信息，通过与供应商、客户等外部网络主体建立起稳定的关系，获取信息、知识和资金等关键资源，从而提升企业的创新绩效。

（2）网络能力对科技型小微企业技术创新绩效有显著的正向影响。在整体 SEM 验证中，网络能力→技术创新绩效这条路径通过显著性检验。这说明，科技型小微企业的网络能力越强，技术创新绩效越高，这是因为网络能力越强，企业越能够运用网络能力规划自身的网络行为，建立广泛多样的合作关系，深化与合作伙伴的互动交流，从而越有利于提升企业的技术创新绩效。因此，对科技型小微企业而言，可以通过对外部网络主体进行评估和筛选，建立与合作伙伴的信任关系，加强与合作伙伴的连接强度等措施来提高企业网络能力。

（3）信息获取和知识获取显著影响技术创新绩效，并在网络能力与技术创新绩效之间起部分中介作用；资金获取对技术创新绩效的影响不显著，在网络能力与技术创新绩效之间不具有中介作用。在整体 SEM 验证中，信息获取→技术创新绩效、知识获取→技术创新绩效这两条路径通过显著性检验，资金获取→技术创新绩效不具有显著性。这说明，科技型小微企业的信息获取程度越高，企业从外部获取的知识越多，技术创新绩效就越高。网络能力越强，存在于网络中的信息和知识越容易得到交换，企业就越容易获得更多的有利信息，而及时的信息获取能有效降低创新风险，提高创新绩效；同时，知识的创造与积累是企业创新的基础，不断从

[①] 王益锋，王晓萌．网络能力、资源获取与技术创新绩效［J］．科技管理研究，2016（6）．

外部网络中获取各类知识，并将其转化和吸收为技术创新活动所需的知识，是提升技术创新绩效的重要过程。

8.2.3 构建科技创新与科技金融协同发展机制与结构模型

提升科技金融网络创新绩效需要构建科技创新与科技金融协同发展机制与结构模型，具体可以从财政科技投入优化配置、财政科技投入监管、税收政策配合与协调组织机构建立四方面构建政府协调机制，从提升科创新主体交叉学习能力、市场科技金融主体交叉学习能力与政府公共科技金融主体交叉学习能力三方面构建交叉学习机制，从事前信息共享、事中信息共享与事后信息共享三方面构建信息共享机制，从法律法规保障机制、中介服务支持机制、人才供给保障机制三方面构建环境保障机制。

基于我国目前仍属银行主导型的金融体系，考虑到商业银行的风险厌恶特征，可以考虑建立以商业银行为主体的市场科技金融网络创新发展模式。①

（1）商业银行与科技担保机构合作。企业申请科技贷款，是否发放由商业银行与科技担保机构共同审查决定。企业按担保费率向科技担保机构缴纳担保费，但担保机构并不承担贷款损失的全部风险，担保比例由商业银行与担保机构协商，其目的在于激励银行贷后的监督行为。

（2）商业银行与风险投资机构合作。对于风险投资机构投资的创新型企业，商业银行为该企业提供科技贷款，创新企业成功的利润分配或失败清算，商业银行的优先顺序在风险投资机构之前。借助风险投资机构的筛选机制与管理机制，降低商业银行的信贷风险。

（3）在科技园区建立科技支行。在"双创"的国家战略指引下，全国各地纷纷成立科技园区，金融机构为了更好地支持科技创新，提升创新绩效，建议银行在科技园区设立科技支行，专门针对科技型企业提供科技贷款，并由政府给予相应的风险补偿或补贴。

---

① 徐玉莲. 区域科技创新与科技金融协同发展模式与机制研究 [D]. 哈尔滨理工大学博士学位论文，2012.

（4）中小企业互助担保模式。技术相关、业务相关的中小企业可通过成立互助担保基金为其成员提供贷款担保，以获取银行贷款。成员企业向担保基金提交贷款申请，需有至少一位其他成员企业为其联保，互助担保基金全体成员对其贷款申请进行表决，如果通过，担保基金与合作银行协商担保贷款事宜，协商成功则发放贷款。在贷后监督阶段，联保企业、担保基金与银行共同对融资企业的运营及资金使用进行监督。

由于政府财政资金有限，科技担保未来的发展方向应为民间资本控股的商业性担保机构，由于科技担保存在较高风险，担保机构除收取正常保费外，可要求担保企业提供知识产权反担保以降低风险，并采用"担保换期权"的方式分享科技型中小企业成功后的超额利润。为鼓励商业性担保机构发展，可通过政策性再担保机构对担保机构的损失给予补偿，担保机构向再担保机构交纳再担保费用，当企业不能按期还本付息，担保机构按担保比例向银行实施代偿，同时可按其代偿额的一定比例向再担保机构申请补偿，此过程实现了银行与担保机构的市场化运作，同时再担保机构又分散了担保机构的风险。

设立创新企业上市辅导促进基金，通过积极与证监会、证券交易所及海通证券合作，促进区域内优秀创新企业上市，并积极推进中小企业集合债券发行。目前我国发行的中小企业集合债券存在优质企业遴选与有效担保两大难题，利用资本市场融资，由于面向的对象包括中小投资者，安全性是集合债券发行的前提。成立时间较长且运营良好的互助担保基金可为上述两大难题提供解决方案。首先，互助担保基金成员企业的筛选是市场机制自选的结果，避免了政府遴选的片面性与主观性缺陷，成员企业间相互了解、地域相近、研发方向相关，基金长时间运作保证了成员企业的较好经营能力和信用水平。其次，互助担保基金对其成员企业提供一级担保，解决了第三方担保困难与过于依赖政府财政资金的困境。

8.2.4 构建和完善科技金融公共服务平台

科技创新与科技金融协同发展不仅要有效地提供科技创新的相关信息服务，而且必须能够有效地提供科技金融的相关信息服务与支持。因此，构建科技金融公共服务平台就显得非常重要，它可以为企业创新创业提供更多的科技金融方面的信息服务和支持。①

（1）依托现有科技创新创业共享服务平台构建科技金融公共服务子平台。由于科技创新活动与科技金融活动密切相关，为了提高上述信息的集成性、有效性和实用性，建议在各地现有"科技创新创业共享服务平台"上，构建集信息采集、发布、加工和管理功能于一体的"科技金融公共服务子平台"，以便为科技创新提供有效的科技金融服务支持。

（2）主动吸收科技金融主体要素加盟。由于科技金融公共服务子平台建立及其平台公共服务作用的发挥都离不开科技金融各主体要素的参与，因此各地科技厅可以协同财政厅主动邀请各商业银行、风险投资公司、有关行业协会、中介机构等单位加盟，共同创建科技金融公共服务子平台。

（3）建立科技金融公共服务子平台运作规范。参考各地"科技创新创业共享服务平台"现行运作规则和总体要求，结合科技金融公共服务具体业务的实际特点和要求，建立一套先进科学的科技金融公共服务规范，给出各项业务操作程序、要求和标准，以确保科技金融公共服务子平台能够有效运行。

8.2.5 进一步优化科技创新支撑环境建设

各地科技园区的创新发展对其集群的创新支撑环境依赖性极高，应进一步优化创新支撑环境建设。在各高科技园区的基础设施建设上，应提高集群道路交通水平，以期保障集群内部企业货物的正常运送，保障集群内企业的水电供应情况，满足集群内优秀企业的土地需求，提升教育、医疗和文化娱乐水平；在金融环境优化方面，继续深化园区代办股份报价转让试点，完善非上市股份公司股份公开转让制度，支持银行开展信用贷款、知识产权质押贷款、股权质押贷款、产业链融资、信用保

---

① 徐玉莲．区域科技创新与科技金融协同发展模式与机制研究［D］．哈尔滨理工大学博士学位论文，2012．

险和贸易融资等科技金融业务创新试点；在政府支持方面，进一步深入推动科技管理体制改革。园区应当积极贯彻落实国务院支持发展的"1+6"政策，围绕战略性新兴产业发展需求，深入推进科技成果处置权和收益权改革试点、股权激励个人所得税政策试点、中央单位股权激励试点、科研经费分配管理体制改革试点等工作，扩大试点范围和试点影响；园区的发展离不开中介组织，健全的中介服务体系对于运行良好的产业集群来说是至关重要的。政府可以采取一些措施加快中介组织的发展。一方面可以在法律、机制等方面明确行业协会的定位和功能，促进行业协会的建立。行业协会具有凝聚企业、熟悉产业、整合行业的优势，在协调产品上下游关系、推广创新成果、规范行业竞争等方面发挥重要作用。另一方面可以制定相关扶持政策，改善政府监管条件，加快信息咨询、技术服务与评估、法律等各种中介组织的发展，提高集群内综合服务水平。对技术中介组织从事的技术开发、转让业务和与之相关的技术咨询与评估业务所取得的收入，政府应免征其营业税，对从事上述业务的所得，在一定数额以下免征企业所得税，以充分发挥中介组织对产业集群创新的支撑能力。

8.2.6 加强高素质人才引进和培养力度

无论是在知识流动、研发投入还是创新支撑环境方面，人才都是最主要的组成部分和创新载体。人才是产业集群创新发展最重要、最活跃的要素，通常技术也是附着在人力资源要素上。要想发挥人才在集群创新活动中的作用，政府需要加快推进人才战略，加强人力资源的建设。首先，地方政府应积极制定一些鼓励人才流入产业集群地的优惠政策和措施，比如积极推进高校、科研院所的科研人员和集群企业的对接和联系，对引进的有突出贡献的中青年专家，国家级重点实验室、工程中心、企业技术中心学科带头人、引进的博士和外省同类层次的人才可享受政府一定数额的安家补贴和科研启动费。外省市科技人才个人拥有的技术成果，提高其作价出资的金额占注册资本的比例。外地科技人员携技术成果来集群地创办企业可享受免费使用孵化场地一年的待遇。与此同时，要突破传统的人才管理模式，实行富有柔性的人才引进机制。对优秀人才的户籍档案管理、住房和子女入学入托政策实行市民待遇，人事部门要制定或完善出台优惠政策加以实施。其次，优化人才创新环境，如通过设立专项资金，加大对科技创业人才和科技成果转化的支持力度。通过把企业科技人员的劳动和智力支出作为科技开发费用的投入，进一步鼓励技术人员开展创新等。同时，加强各类人才创新载体的建设，如加快重点实验室、博士后科研工作站、留学人员创业园及其他科技创新平台的建设。

8.3 提高科技金融网络创新绩效的对策建议

8.3.1 增大科技成果的转化能力

通过用 DEA 方法以及 Malmquist 指数对科技金融网络的分析，我们发现：每年都有五分之一的省份是 DEA 非有效的，即其资源配置相对来说还有一定的提高空间。

非 DEA 有效省份普遍存在金融资本投入过高，然而科技产出过低。通过收集到的数据发现，比如浙江、河北、湖南等，这些省份在金融资本投入方面的力度是排在同一水平省份的前列，但是对应的科技成果产出还是远远不足的，比如专利申请数较少，说明其在产出上过分重视量而忽略了其成果的质量；而部分省份的新产品销售收入低，表明了其在实现产业化以及资本化的过程仍需要改进。

增强科技产出成果转化能够有效地提高科技金融网络的运作效率。我国大部分省份已经具备了较好的科技与金融基础，目前的主要任务就是推动科技产出的成果转化，把自身已经有的优势最大限度地发挥出来。在把优势转化为推力的过程中，首先要突出市场导向，科技成果只有进入市场之后才能成为现实生产力。其次要突出应用导向，科技产出最终要为实践服务，若是不能应用于实践，那么科技创新也就失去了存在的意义。

8.3.2 完善管理体制以提高效率

由分析可知,每年都会存在一部分地区纯技术是有效的,这些地区普遍存在投入相对过高,而产出相对过低的情况。

DEA 非有效省份大部分都存在金融资本的投入与科技产出规模收益递减趋势比较明显的情况。

对于 DEA 非有效省份,给出的建议均为缩小规模,在说明了这些省份的金融资本投入与科技产出呈规模递减的关系,也就是说,增加一个单位的资本投入,而相对应的产出却不足一个单位,那金融资本的投入相对其不足的产出来说是不经济的。河北、浙江、河南、安徽等都呈规模效益递减,这些省份都是我国发展比较好的省份,其金融资本的投入在全国中排在前列,然而,研究得出的结论却显示了仅凭借资本的投入是不能够有效促进产出效率的提高,只有做到二者同步并且协调发展,才能实现资源利用的最大化。

8.3.3 适当增加科技金融的投入强度

由数据分析可知,大部分的省份是相对有效率的,也就是说大部分的省份 DEA 是有效的。对于这些地区,我们建议其适当加大对科技与金融的投入,已达到规模的强度。

高新技术的创新与发展需要金融资本的支持,反映地区对科技事业的重视程度。先进的科学生产力会推动社会经济的快速发展。所以,除了保证财政资金可以及时到位之外,政府应出台相关政策的鼓励支持信贷机构给高新技术企业的贷款,解决中小企业融资难的问题。适当地增加金融资本的投入强度,可以扩大科技金融网络的影响范围,进而推动社会经济的大发展。

8.3.4 大力促进我国技术进步的发展

2011～2013 年,仅有一半的省份实现了全要素效率的增长,而另一半省份全要素效率有所下降是因为其技术进步的缓慢发展影响了科技金融全要素效率的改进效率。

　　提高技术进步的速度，可以提高科技金融的全要素效率，从而促进科技金融的发展。依靠技术进步来推动经济的发展不仅可以在不通过大量劳动力的基础上有更多的产出，与此同时还可以节省我国的自然资源，促进人与自然的和谐发展。在国际交流过程中也可以提升我国的国际竞争力。

附 录

附表1 2011年DEA数据

(DMU)省份	(I) R&D人员/人	(I) 金融机构人员/万人	(I) R&D经费/万元	(I) 企业吸收与引进支出经费/万元	(I) 财政拨款/亿元	(O) 技术市场成交额/亿元	(O) 新产品销售收入/万元	(O) 专利申请数/件	(O) 论文数/篇	(O) 金融增加值/亿元	(O) 税收收入/亿元
北京	296990	32.87	9366438.8	60243.1	183.07	1890.28	14895753.1	6225	108838	2215.41	2854.63
天津	111586	7.72	2977580.2	20119	60.17	169.38	7950951.3	2764	23440	756.5	1004.51
河北	111807	23.83	2013376.9	2673.2	33.22	26.25	813807.2	521	31142	746.01	1348.51
山西	67777	15.04	1133926.3	121.2	27.17	22.48	294792.1	234	14856	519.32	872.88
内蒙古	36225	10.44	851685.3	0	28.21	22.67	65230.2	54	12510	447.46	985.69
辽宁	129637	22.42	3638347.6	47357.6	87.2	159.66	3583400.8	1354	50117	755.57	1974.85
吉林	70704	10.52	891337.3	735.9	21.18	26.26	732060.9	355	27919	207.65	624.19
黑龙江	87258	14.67	1287788.1	0	33.23	62.07	462673.4	592	37569	370.78	741.85
上海	198667	27.78	5977130.7	81926.2	218.5	480.75	9957527	5031	71669	2277.4	3172.72
江苏	455135	28.94	10655109.1	272441.4	213.4	333.43	48961826.6	15285	96551	2600.11	4124.62
浙江	324245	31.88	5980824.4	36332.9	143.9	333.43	11409256.6	7243	45876	2730.29	2952.01

续表

(DMU)省份	(I) R&D人员/人	(I) 金融机构人员/万人	(I) R&D经费/万元	(I) 企业吸收与引进支出经费/万元	(I) 财政科技拨款/亿元	(O) 技术市场成交额/亿元	(O) 新产品销售收入/万元	(O) 专利申请数/件	(O) 论文数/篇	(O) 金融增加值/亿元	(O) 税收收入/亿元
安徽	122640	16.04	2146439.4	17737.6	77.03	65.03	2586786.4	2289	34321	503.85	1108.31
福建	128614	13.6	2215151.3	161477	40.48	34.57	11015207.4	2410	19874	862.41	1254.31
江西	56919	10.89	967528.8	8818.7	21.32	34.19	1434233.6	561	23936	357.44	777.09
山东	327252	34.62	8443667	40344.4	108.62	126.38	15364345.1	5611	46954	1640.41	2603.13
河南	167386	23.81	2644922.5	22784.7	56.59	38.76	1363879	1610	47313	868.2	1263.1
湖北	166357	15.76	3230129.1	3474.4	44.19	125.69	3220194	1800	71051	674.57	1067.11
湖南	127654	20.36	2332181.1	5025.7	41.96	35.39	3146182.6	2073	48042	501.09	915.4
广东	515646	46.09	10454871.7	55401.6	203.92	275.06	73603508.6	39338	62028	2916.13	4548.66
广西	61185	11.01	810205.3	5688.5	28.25	5.64	453742.5	262	23931	445.37	644.8
海南	8341	2.4	103717.1	575.6	9.83	3.46	67689.9	212	4300	105.24	295.69
重庆	65287	11.5	1283560.2	1169.9	25.04	68.15	3834280.3	959	28572	704.66	881.07
四川	134125	21.45	2941008.9	17527.7	45.75	67.83	5915429.3	1965	55178	868.15	1537.42
贵州	24875	7.15	363089.4	214	21.68	13.65	600096	637	12832	297.27	518.14
云南	43586	9.73	560796.6	785	28.3	11.71	398972.5	271	18661	456.23	881.95
西藏	1855	0.94	11529.6	0	3.38	0	17364.4	17	1023	31.7	45.83
陕西	100585	14.05	2493548.2	3287	29.01	215.37	2118593.1	1312	54357	432.11	933.84
甘肃	31819	6.9	485260.7	389.6	13.22	52.64	206421.9	139	16163	145.05	284.04
青海	7515	2	125756.1	0	3.76	16.84	3297.9	0	2536	62.56	119.85
宁夏	12006	2.8	153182.6	450	7.87	3.94	161546.3	115	6293	134.18	177.13
新疆	23900	8.09	330031	4.5	26.43	4.38	94443	28	12113	288.77	593.41

附表 2 2012 年 DEA 数据

(DMU)省份	(I) R&D人员/人	(I) 金融机构人员/万人	(I) R&D经费/万元	(I) 企业吸收与引进支出经费/万元	(I) 财政科技拨款/亿元	(O) 技术市场成交额/亿元	(O) 新产品销售收入/万元	(O) 专利申请数/件	(O) 论文数/篇	(O) 金融增加值/亿元	(O) 税收收入/亿元
北京	322417	37.56	10633639.9	86501	199.94	2458.5	13152739	9972	112949	2536.91	3124.75
天津	126436	7.82	3604865.5	50609	76.45	232.33	11564670	3441	23155	1001.59	1105.56
河北	124892	24.65	2457669.7	6073	44.74	37.82	1537199	627	32503	913.66	1560.59
山西	71884	15.77	1323457.5	122	33.32	30.61	461825	376	13949	639.61	1045.22
内蒙古	41974	10.79	1014468.1	0	27.61	106.1	104792	39	12827	502.01	1119.87
辽宁	141756	22.52	3908679.5	486	101.24	230.66	3496976	1772	50674	969.37	2317.19
吉林	76335	10.93	1098010.4	5795	24.96	25.12	993409	542	25480	244.63	760.57
黑龙江	90386	16.01	1459588.3	0	37.64	100.45	576704	736	37450	485.11	837.8
上海	208817	29.46	6794635.6	73443	245.43	518.75	8484068	6174	71343	2450.36	3426.79
江苏	549159	29.36	12877616	174748	257.24	400.91	58689818	16999	102482	3136.51	4782.59
浙江	377315	36.38	7225867.2	42405	165.98	400.91	13574710	10237	45385	2762.24	3227.77
安徽	156257	16.83	2817952.7	2108	96	86.16	3898078	3182	35873	617.62	1305.09
福建	158089	14.75	2709890.7	98126	48.47	50.09	12106266	3444	18139	1015.37	1440.34
江西	58245	10.63	1136551.9	2921	27.5	39.78	2030687	865	23714	413.07	978.08
山东	382057	32.74	10203265.6	56371	124.98	140.02	17621221	6970	48339	1936.11	3050.2

续表

(DMU)省份	(I) R&D人员/人	(I) 金融机构人员/万人	(I) R&D经费/万元	(I) 企业吸收与引进支出经费/万元	(I) 财政科技拨款/亿元	(O) 技术市场成交额/亿元	(O) 新产品销售收入/万元	(O) 专利申请数/件	(O) 论文数/篇	(O) 金融增加值/亿元	(O) 税收收入/亿元
河南	185116	23.32	3107802.3	2959	69.64	39.94	1373208	1812	47556	1013.6	1469.57
湖北	185703	16.33	3845238.6	8850	54.39	196.39	4753622	2626	70988	870.36	1324.44
湖南	144979	20.74	2876779.9	1362	48.19	42.24	3694690	2306	45172	579.76	1110.74
广东	629055	47.59	12361500.8	93597	246.71	364.94	85195533	45449	64501	3171.96	5073.88
广西	64935	11.66	971538.7	644	42.81	2.52	596971	339	24663	573.05	762.46
海南	10490	2.77	137243.5	207	12.06	0.57	102459	329	4334	130.69	350.8
重庆	72609	13.03	1597973.3	1475	29.84	54.02	2008123	1153	30428	915.65	970.17
四川	155335	22.97	3508588.5	152228	59.4	111.24	5895644	5054	55447	1303.56	1827.04
贵州	29967	7.38	417260.8	3800	28.98	9.67	763092	966	13751	365.87	681.66
云南	47038	9.85	687547.8	1322	32.67	45.48	369872	409	18397	541.18	1063.9
西藏	2135	0.83	17838.6	0	5.09	0	20579	15	1101	32.04	70.07
陕西	118350	14.62	2872034.9	1986	34.94	334.82	2213523	1606	50801	551.2	1131.55
甘肃	36762	7.19	604761.8	320	16.19	73.06	305916	249	15471	184.43	347.78
青海	7848	2.19	131228.4	0	7.18	19.3	3896	3	2648	83.73	146.69
宁夏	14039	2.96	182304	0	9.61	2.91	117828	125	6003	167.48	207.02
新疆	26740	8.13	397289.3	0	33.01	5.39	2253	4	12219	360.4	698.93

附表3 2013年DEA数据

(DMU)省份	(I) R&D人员/人	(I) 金融机构人员/万人	(I) R&D经费/万元	(I) 企业吸收与引进支出经费/万元	(I) 财政科技拨款/亿元	(O) 技术市场成交额/亿元	(O) 新产品销售收入/万元	(O) 专利申请数/件	(O) 论文数/篇	(O) 金融增加值/亿元	(O) 税收收入/亿元
北京	334194	39.14	11850469	79855.6	234.67	2851.72	15844619.1	8308	113220	2943.13	3514.52
天津	143667	8.09	4280921.2	45113.2	92.81	276.16	18228710	3678	26869	1235.91	1310.66
河北	136615	25.64	2818550.9	6957.9	49.76	31.56	1994115	883	31005	1137.72	1724.87
山西	73896	15.61	1549798.9	4209.7	62.06	52.77	473709.5	452	13373	809.9	1136.89
内蒙古	48366	11.08	1171877.4	0	31.64	38.74	1814414.6	58	13249	625.14	1215.2
辽宁	154370	23.21	4459321.9	3760.4	118.99	173.38	3852562.3	2267	51531	1249.71	2521.62
吉林	74577	11.02	1196882.3	4326.6	37.22	34.72	1336504.6	708	28634	399.54	856.41
黑龙江	89747	15.92	1647838.1	130.2	38.61	101.77	655478.5	836	35282	606.22	912.82
上海	226829	30.03	7767846.8	58452.4	257.66	531.68	7950113.2	7088	72225	2823.81	3797.16
江苏	626882	30.79	14874465.5	190531.5	302.59	527.5	61542993.5	19439	104738	3958.79	5419.49
浙江	416010	36.32	8172674.5	37867.2	191.87	527.5	18187699	12586	43374	2795.13	3545.66
安徽	180632	17.24	3520832.6	11634.6	109.67	130.83	4199537	3784	37394	912.77	1520.22
福建	167041	15.13	3140589.4	91824	60.62	44.69	12232978.9	3901	18770	1264.72	1723.28
江西	70928	11.27	1354971.9	717.6	46.32	43.06	2783578.1	1456	24040	542.83	1178.74
山东	409441	34.76	11758026.6	58215.9	149.14	179.4	18191964.6	8106	50325	2383.43	3533.49

续表

(DMU)省份	(I) R&D人员/人	(I) 金融机构人员/万人	(I) R&D经费/万元	(I) 企业吸收与引进支出经费/万元	(I) 财政科技拨款/亿元	(O) 技术市场成交额/亿元	(O) 新产品销售收入/万元	(O) 专利申请数/件	(O) 论文数/篇	(O) 金融增加值/亿元	(O) 税收收入/亿元
河南	215608	24.13	3553245.9	1808.7	80	40.24	19808744.7	1967	44891	1280.92	1764.71
湖北	204682	17.32	4462042.5	27525.1	77.21	397.62	5563646	3351	70435	1179.55	1604.85
湖南	151044	21.2	3270252.9	5391	55.46	77.21	7616784.3	2679	46185	758.9	1299.15
广东	652405	43.33	14434527.4	74361.4	344.94	529.39	97687741.6	49691	63073	4122.81	5767.94
广西	65783	11.59	1076789.5	30	54.36	7.34	906868.9	457	24716	777.6	875.74
海南	11549	2.78	148357.4	2288.3	13.83	3.87	143248.7	363	4715	187.14	411.63
重庆	83722	13.12	1764911.2	1412.8	38.65	90.28	1522376.1	1641	29645	1080.14	1112.62
四川	173914	24.12	3999702.3	18928.7	69.51	148.58	7309075.7	5029	55792	1712.77	2103.51
贵州	36113	8.04	471849.5	2.5	34.27	18.4	882588.8	1119	14890	444.53	839.67
云南	49585	9.9	798371.4	541.8	42.59	42	524204.8	359	20773	725.9	1215.66
西藏	2318	0.97	23032.5	0	4.17	0	23453.8	3	1050	41.75	71.54
陕西	132570	15.04	3427454.4	1666.8	38.02	533.28	2183206.2	2296	49872	738.52	1256.24
甘肃	37046	7.21	669193.9	0	19.76	99.99	295039.6	220	16951	294.18	417.73
青海	7322	2.16	137541.4	0	8.39	26.89	10065	16	2298	145.23	175.05
宁夏	14412	3.06	209042.4	480	10.69	1.43	140504.6	208	5569	206.34	237.49
新疆	26950	8.74	454597.9	0	39.85	3	22573.2	56	12326	473.57	826.34

附表4 31个省份2011~2012年Malmquist生产指数及其分解

省份	技术效率指数（Effch）	技术进步指数（Techch）	纯技术进步指数（Pech）	规模效率（Sech）	全要素生产率指数（Tfpch）
北京	1	0.612	1	1	0.612
天津	1	0.642	1	1	0.642
河北	0.751	0.565	0.892	0.842	0.424
山西	1	1.315	1	1	1.315
内蒙古	0.854	0.981	0.877	0.974	0.838
辽宁	1	0.877	1	1	0.877
吉林	1	0.986	1	1	0.986
黑龙江	1.032	0.994	1	1.032	1.025
上海	1	0.929	1	1	0.929
江苏	1	0.747	1	1	0.747
浙江	1	0.835	1	1	0.835
安徽	0.908	1.071	0.981	0.926	0.972
福建	0.947	0.011	1	0.947	0.01
江西	1	0.005	1	1	0.005
山东	0.909	0.008	1	0.909	0.007
河南	0.937	1.062	0.99	0.946	0.996
湖北	1	0.984	1	1	0.984
湖南	1	1.098	1	1	1.098
广东	1	1.067	1	1	1.067
广西	1.003	1.171	1	1.003	1.175
海南	0.962	1.3	0.979	0.983	1.251
重庆	1	0.009	1	1	0.009
四川	0.915	0.008	0.953	0.961	0.007
贵州	1	0.651	1	1	0.651
云南	1	1.457	1	1	1.457
西藏	1	1.608	1	1	1.608
陕西	1	0.917	1	1	0.917
甘肃	1	1.043	1	1	1.043
青海	1	1.178	1	1	1.178
宁夏	1	1.509	1	1	1.509
新疆	1	1.852	1	1	1.852

附表5　31个省份2012~2013年Malmquist生产指数及其分解

省份	技术效率指数（Effch）	技术进步指数（Techch）	纯技术进步指数（Pech）	规模效率（Sech）	全要素生产率指数（Tfpch）
北京	1	1.008	1	1	1.008
天津	1	1.04	1	1	1.04
河北	1.331	1.308	1.121	1.187	1.741
山西	1	1.215	1	1	1.215
内蒙古	1.159	0.945	1.14	1.016	1.096
辽宁	1	0.725	1	1	0.725
吉林	1	0.773	1	1	0.773
黑龙江	1	0.822	1	1	0.822
上海	1	1.018	1	1	1.018
江苏	1	5.351	1	1	5.351
浙江	1	1.058	1	1	1.058
安徽	1.102	1.057	1.02	1.08	1.164
福建	1.055	1.036	1	1.055	1.093
江西	1	9.784	1	1	9.784
山东	1.1	17.013	1	1.1	18.716
河南	1.067	17.379	1.01	1.057	18.546
湖北	1	0.897	1	1	0.897
湖南	1	1.897	1	1	1.897
广东	1	2.424	1	1	2.424
广西	1	1.493	1	1	1.493
海南	1.032	2.015	1.021	1.011	2.08
重庆	0.993	1.991	1	0.993	1.977
四川	1.093	75.099	1.049	1.041	82.049
贵州	0.976	39.806	0.976	1	38.845
云南	1	43.843	1	1	43.843
西藏	1	0.44	1	1	0.44
陕西	1	36.171	1	1	36.171
甘肃	1	1.241	1	1	1.241
青海	1	1.976	1	1	1.976
宁夏	1	44.115	1	1	44.115
新疆	1	47.138	1	1	47.138

参考文献

［1］鲍新中，屈乔，傅宏宇. 科技金融中的价值评估风险评价［J］. 价格理论与实践，2015（3）：99－101.

［2］鲍静海，薛萌萌，刘莉薇. 科技金融模式研究：国际比较与启示［A］. 南方金融，2014（11）：54－58.

［3］北京银行中关村小巨人创客中心. 不一样的创业平台，让小微企业快速成长［J］. 创业邦，2016（9）.

［4］陈一洪. 城商行小企业金融产品开发探析——兼对北京银行"小巨人"产品体系的案例分析［J］. 内蒙古金融研究，2012（4）：16－19.

［5］陈华丰，张目，张红梅. 科技金融模式下银行与科技型中小企业的演化博弈分析［Z］. 成都：新常态下西部金融创新与风险控制论坛暨第四届中国风险分析与风险管理学术研讨会，2015年11月.

［6］陈江华. 科技金融及其政策表现［J］. 改革，2010（12）：121－125.

［7］陈劲，王方瑞. 突破全面创新：技术和市场协同创新管理研究

［J］．科学研究，2005（S1）：249-251．

［8］陈燕．美国、日本资本市场功能分析［J］．亚太经济，2005（6）：51-53．

［9］付剑峰，李十六，朱鸿鸣．融资困境、知识产权质押贷款与中小企业可持续发展——来自中国的经验［J］．北京师范大学学报（社会科学版），2011：135-141．

［10］池仁勇．区域中小企业创新网络的节点联结及其效率评价研究［J］．管理世界，2007（1）．

［11］常运琼．区域创新网络建设的实证研究［J］．科技管理研究，2010（10）：29．

［12］邓平．中国科技创新的金融支持研究［D］．武汉理工大学博士学位论文，2009．

［13］樊霞，陈丽明，刘炜．产学研合作对企业创新绩效影响的倾向得分估计研究——广东省部产学研合作实证［J］．科学学与科学技术管理，2013（2）：63-69．

［14］方媛，熊文新．知识产权证券化融资方式［J］．西南农业大学学报（社会科学版），2013（1）：47-51．

［15］房汉廷．关于科技金融理论、实践与政策的思考［J］．中国科技论坛，2010（11）：5-10．

［16］冯锋，汪良兵．协同创新视角下的区域科技政策绩效提升研究［J］．科学学与科学技术管理，2011，32（12）：109-115．

［17］福建银监局课题组．福州市科技金融服务体系建设研究［J］．发展研究，2013（4）：52-55．

［18］官建成，刘顺忠．区域创新机构对创新绩效影响的研究［J］．科学学研究，2003（2）：210-214．

［19］郭淑娟，常京萍．战略性新兴产业科技金融模式运作及其政策配置［J］．中国科技论坛，2012（1）：120-125．

［20］黄敏镁．基于演化博弈的供应链协同产品开发合作机制研究［A］．中国管理科学，2010：155-162．

[21] 李增福, 郑友环. 中小企业知识产权质押贷款的风险分析与模式构建 [J]. 宏观经济研究, 2010 (4): 4-5.

[22] 李留宇. "瞪羚诚信贷": 无抵押无担保的信用贷款产品 [J]. 国际融资, 2013, 5 (16).

[23] 李妍. "瞪羚贷款"助跑中小高新技术企业 [N]. 金融时报, 2013-05-30.

[24] 刘鹏. 瞪羚企业: 高风险创业的幸存者 [J]. 中国战略新兴产业, 2015.

[25] 哈肯·H. 徐锡申, 陈式刚. 协同学 [M]. 陈雅深译. 北京: 原子能出版社, 1984.

[26] 胡恩华, 刘洪. 基于协同创新的集群创新企业与群外环境关系研究 [J]. 科学管理研究, 2007, 25 (3): 23-26.

[27] 黄灿, 许金花. 日本、德国科技金融结合机制研究 [J]. 南方金融, 2014 (10): 57-62.

[28] 黄国平, 孔欣欣. 金融促进科技创新政策和制度分析 [J]. 中国软科学, 2009 (2): 28-37.

[29] 黄凯南. 演化博弈与演化经济学 [J]. 经济研究, 2009: 132-145.

[30] 黄玮强, 庄新田, 姚爽. 基于动态知识互补的企业集群创新网络演化研究 [J]. 科学学研究, 2011, 29 (10): 1557-1567.

[31] 贺灵, 单汨源, 邱建华. 创新网络要素及其协同对科技创新绩效的影响研究 [J]. 管理评论, 2012 (8): 58-68.

[32] 高图图. 我国金融支持科技创新研究 [D]. 山东大学, 2014.

[33] 金珊珊. 金砖国家科技创新金融支持体系研究 [D]. 东北财经大学博士学位论文, 2014.

[34] 姜波. 科技型中小企业技术创新绩效与企业社会资本的关联机制研究——基于技术创新绩效信息披露的调节效应 [J]. 科技进步与对策, 2011 (4): 64-69.

[35] 姜浩. 农业银行出实招助力小微企业创新创业 [N]. 财会信

报,2016-03-14(D04).

[36] 中关村发布瞪羚重点企业支持政策——26家银行出台重点培育企业金融服务方案.

[37] 蒋军锋,党兴华,薛伟贤.技术创新网络结构演变模型:基于网络嵌入性视角的分析[J].系统工程,2007(2):11-17.

[38] 蒋华.科技金融创新发展的架构建设探究[J].金融纵横,2013(4):31-36.

[39] 卡萝塔·佩蕾丝.技术革命与金融资本——泡沫与黄金时代动力学[M].田方萌、胡叶青、刘然、王黎民译.北京:中国人民大学出版社,2007.

[40] 李浩.社会资本视角下的网络知识管理框架及进展研究[J].管理世界,2012(3):158-169.

[41] 李成龙,刘智跃.产学研耦合互动对创新绩效影响的实证研究[J].科研管理,2013(3):23-30.

[42] 李乐,毛道维.政府信用对科技创新与金融创新的推动机制——基于苏州市科技金融网络实践的研究[J].经济体制改革,2012(4):52-56.

[43] 李娟,徐渝,冯耕中.基于存货质押融资业务的博弈分析[J].生产力研究,2007:49-50.

[44] 李兴伟.中关村国家示范区科技金融创新分析与趋势预测[J].科技进步与对策,2011(9):33-37.

[45] 李善民.科技金融结合的国际模式及其对中国启示[J].中国市场,2015(5):40-47.

[46] 李志刚,汤书昆,梁晓艳,赵林捷.产业集群网络结构与企业创新绩效关系研究[J].科学学研究,2007(4):777-782.

[47] 梁益琳,张玉明.创新型中小企业与商业银行的演化博弈及信贷稳定策略研究[J].经济评论,2012:16-24.

[48] 刘沛佩.谁来为科技金融的"阵痛"埋单——兼论科技金融的多方参与制度构建[J].科学学研究,2011:521-525.

[49] 罗剑锋. 基于演化博弈理论的企业间合作违约惩罚机制 [J]. 系统工程, 2012: 27-31.

[50] 马费成. 知识转移的社会网络模型研究 [J]. 江西社会科学, 2006 (7): 38-45.

[51] 马光荣. 社会网络、非正规金融与创业 [J]. 经济研究, 2011 (3): 83-95.

[52] 姚铮. 社会网络增进小微企业贷款可得性作用机理研究 [J]. 管理世界, 2013 (4): 135-150.

[53] 马娟, 万解秋. 银行与第三方物流合作供应链金融: 异业协作的演化博弈 [J]. 现代财经（天津财经大学学报）, 2015: 47-56.

[54] 刘佳, 刘志华, 李林. 基于合同环境服务的环保产业项目协同创新绩效评价研究 [J]. 经济地理, 2013 (11): 111-114.

[55] 刘元芳, 陈衍泰, 余建星. 中国企业技术联盟中创新网络与创新绩效的关系分析——来自江浙沪闽企业的实证研究 [J]. 科学学与科学技术管理, 2006 (8): 72-79.

[56] 刘志迎, 单洁含. 协同创新背景下组织间沟通与创新绩效关系研究 [J]. 当代财经, 2013 (7): 77-86.

[57] 林南. 社会资本: 关于社会结构与行动的理论 [M]. 上海: 上海人民出版社, 2005.

[58] 林剑. 社会网络在创业融资中的作用机制——基于上海新创企业的经验分析 [J]. 北京理工大学学报, 2007 (5): 33-40.

[59] 刘学元, 丁雯婧, 赵先德. 企业创新网络中关系强度、吸收能力与创新绩效的关系研究 [J]. 南开管理评论, 2016 (1): 30-42.

[60] 卢珊, 赵黎明. 基于协同理论的创业投资机构与科技型中小企业演化博弈分析 [J]. 科学学与科学技术管理, 2011 (7): 120-123.

[61] 陆铭, 尤建新. 地方政府支持科技型中小企业科技金融研究 [J]. 科技进步与对策, 2011: 92.

[62] 罗家德. 社会网分析讲义 [M]. 北京: 社会科学文献出版社, 2005.

[63] 罗家德. 网络理论、产业网络与技术扩散 [J]. 管理评论, 2003 (1): 27-31.

[64] 毛有佳, 毛道维. 科技创新网络与金融网络的连接机制——基于苏州科技金融实践 [J]. 社会科学研究, 2012 (9): 66-68.

[65] 马卫刚. 兵团科技金融发展模式研究 [D]. 石河子大学, 2014.

[66] 钱坤, 沈厚才, 黄忠金. 科技金融的研究现状及发展趋势 [J]. 科技与经济, 2013 (2): 51-54.

[67] 贾生华, 田家欣, 李生校. 全球网络、本地网络对集群企业技术能力的影响 [J]. 科学学研究, 2009 (12).

[68] 姜波. 科技型中小企业技术创新绩效与企业社会资本的关联机制研究——基于技术创新绩效信息披露的调节效应 [J]. 科技进步与对策, 2011 (4): 64-69.

[69] 彭纪生. 中国技术协同创新 [M]. 北京: 中国经济出版社, 2000.

[70] 全利平, 蒋晓阳. 协同创新网络组织实现创新协同的路径选择 [J]. 科技进步与对策, 2011 (5): 15-18.

[71] 张宝建, 胡海青. 企业创新网络的生成与进化 [J]. 中国工业经济, 2011 (4): 56-62.

[72] 荣智海. 复杂网络上的演化博弈与机制设计研究 [D]. 上海交通大学博士学位论文. 2008.

[73] 汤珊芬, 程良友. 知识产权证券化探析 [J]. 科学管理研究. 2006 (4): 53-56.

[74] 童藤. 金融创新与科技创新的耦合研究 [D]. 武汉理工大学博士学位论文. 2013.

[75] 田中禾, 孙权. 集聚经济下产业集群内竞合行为的演化博弈——基于ESS策略的复制者动态分析 [J]. 科技进步与对策, 2012: 52-56.

[76] 丘志乔. 广东科技金融模式探析 [J]. 广东工业大学学报（社

会科学版),2011(3):6-9.

[77] 万幼清,邓明然. 基于知识视角的产业集群协同创新绩效分析 [J]. 科学学与科学技术管理,2007(4):88-91.

[78] 王宏起,徐玉莲. 科技创新与科技金融协同度模型及其应用研究 [J]. 中国软科学,2012(6):129-138.

[79] 王玉春. 高新技术产业的资本保障战略研究 [M]. 合肥:合肥工业大学出版社,2005:80.

[80] 王益锋,王晓萌. 网络能力、资源获取与技术创新绩效 [J]. 科技管理研究,2016(6):135-140.

[81] 吴翌琳,谷彬. 科技金融服务体系的协同发展模式研究 [J]. 中国科技论坛,2013(8):134-141.

[82] 吴悦平,杨宜. 科技金融网络对科技型中小企业技术创新绩效的影响 [J]. 科技与经济,2016(6):49-53.

[83] 邬爱其. 集群企业网络化成长机制研究——对浙江三个产业集群的实证研究 [D]. 浙江大学博士论文,2004.

[84] 邬爱其. 企业网络化成长——国外企业成长研究新领域 [J]. 外国经济与管理,2005(10).

[85] 孙庆文,陆柳,严广乐. 不完全信息条件下演化博弈均衡的稳定性分析 [J]. 系统工程理论与实践,2003:11-16.

[86] 邵永同,王常柏. 科技型中小企业知识产权证券化中的资产组合构建 [J]. 科技管理研究,2014(3):157-160.

[87] 徐蓉蓉. 知识产权质押贷款"冷板凳"热起来 [N]. 中国高新技术产业报,2009-07-06.

[88] 余激,秦英. 科技型企业科技金融模式研究——以南昌市知识产权质押贷款试点为例 [J]. 企业经济,2013(6):36.

[89] 杨扬,陈敬良. 我国高新技术企业科技金融机制的演化博弈分析 [J]. 工业技术经济,2014:43-47.

[90] 郑秋红,宋良荣,殷樱. 科技银行与科技型中小企业博弈的演化稳定策略研究及仿真 [J]. 科技管理研究,2014:159-166.

[91] 解学梅, 左蕾蕾. 企业协同创新网络特征与创新绩效: 基于知识吸收能力的中介效应研究 [J]. 南开管理评论, 2013 (3): 47-56.

[92] 夏鸿义. 国内外典型科技金融模式研究 [J]. 北京财贸职业学院学报, 2016 (6): 11-16.

[93] 肖相泽. 国家自主创新示范区科技创新"政策—绩效—评价"研究 [D]. 中国科学技术大学, 2016.

[94] 许涤龙. 科技金融发展典型模式比较分析及启示——以广东省为例 [J]. 湖湘论坛, 2016 (5): 59-64.

[95] 徐玉莲, 王玉冬. 区域科技创新与科技金融系统协同发展运行机理分析 [J]. 科技进步与对策, 2013 (10): 25-29.

[96] 徐玉莲. 区域科技创新与科技金融协同发展模式与机制研究 [D]. 哈尔滨理工大学博士学位论文, 2012.

[97] 徐京平. 我国科技型中小企业融资体系研究 [D]. 西北大学博士学位论文, 2014.

[98] 许超. 我国科技金融发展与国际经验借鉴——以日本、德国、以色列为例 [J]. 经济论坛, 2016 (10): 58-62.

[99] 许小虎. 社会网络中的企业知识吸收能力分析 [J]. 经济问题探索, 2005 (10): 25-30.

[100] 薛澜, 俞乔. 科技金融: 理论的创新与现实的呼唤 [J]. 经济研究, 2010 (7): 157-160.

[101] 杨宜, 徐鲲. 亚洲著名科技园区金融支持体系比较研究 [J]. 科学管理研究, 2013 (10): 117-120.

[102] 颜士梅, 王重鸣. 战略联盟与并购: 两种企业组织方式的比较分析 [J]. 科学学研究, 2002 (3): 4.

[103] 苑泽明, 马涛. 科技金融服务创新对策研究——基于天津市的调查. 第九届中国科技政策与管理学术年会论文集, 2013: 1-26.

[104] 张恒龙. 科技金融: 国际经验与本土挑战 [J]. 上海经济研究, 2015 (5): 34-40.

[105] 张方华. 知识型企业的社会资本与技术创新绩效的关系研究

[J]. 浙江大学博士学位论文, 2004: 1-25.

[106] 张宣. 浅谈"瞪羚企业"信贷业务的风险控制及授信建议[J]. 工程经济, 2014 (3): 42-47.

[107] 张文瀚, 简赟. 破解小微企业贷款难的对策——兼对北京银行"小巨人"产品评述[J]. 企业研究, 2013 (2): 165.

[108] 张莹. 中关村高新技术产业集群创新绩效影响因素研究[D]. 哈尔滨工业大学, 2014.

[109] 张骁, 唐勇, 周霞. 创新型产业集群社会网络关系特征对创新绩效的影响[J]. 科技管理研究, 2016 (2): 184-188.

[110] 赵昌文, 陈春发, 唐英凯. 科技金融[M]. 北京: 科学出版社, 2009.

[111] 赵良杰, 赵正龙, 陈忠. 社会网络与创新扩散的共生演化[J]. 系统管理学报, 2012 (1): 62-69.

[112] Abrahamson E, Rosenkopf L. Institutional and competitive bandwagons: Using mathematical modeling as a tool to explore innovation diffusion [J]. Academy of Management Review, 1993 (3): 487-517.

[113] Allen F. and D. Gale. Financial Innovation and Risk Sharing [J]. European Economic Review Forthcoming, 1995 (6): 21.

[114] Andreas Hackethal. How Unique are US Banks? The Role of Banks in Five Major Financial Systems [J]. Journal Banking and Finance, 2000 (7): 1434-3401.

[115] Ansoff H. Corporate Strategy [M]. Revised Edition. New York: McGraw-Hill Book Company, 1987: 35-83.

[116] Ari Hyytinena, Toivanen O. Do Financial Constraints Hold Back Innovation and Growth? [J]. Research Policy, 2005 (34): 1385-1403.

[117] Ben-Horim and Silber. Financial innovation – a linear programming approach [J]. Journal of Banking and Finance, 1977 (1): 277-296.

[118] Berchicci, L. Towards an open R&D system: Internal R&D investment, external knowledge acquisition and innovative performance [J]. Re-

search policy, 2013 (1): 117 – 127.

[119] Burt R. S. Structural Holes: The Social Structure of Competition [M]. Cambridge: Harvard University Press, 1992.

[120] Casamatta, Catherine. Financing an Advising: Optimal Financial Contracts with Venture Capitalists [J]. Journal of Finance, 2003 (5): 2059 – 2086.

[121] Consoli D. The dynamics of technological change in UK retail banking services: An evolutionary perspective [J]. Research Policy, 2005 (34): 461 – 480.

[122] Corning P. A. The synergism hypothesis: on the concept of synergy and its role in the evolution of complex systems [J]. Journal of Social and Evolutionary Systems, 1998 (2): 133 – 172.

[123] Dacin M. Tina, Marc J. Ventresca and Brent D. The Embeddedness of Organizations: Dialogue & Directions [J]. Journal of Management, 1999 (3): 317 – 356.

[124] Dosi, G. Technological paradigms and technological trajectories [J]. Research Policy, 1982 (11): 147 – 162.

[125] Duysters G. Lokshin B. Determinants of Alliance Portfolio Complexity and Its Effect on Innovative Performance of Companies [J]. Journal of Product Innovation Management, 2011 (28): 570 – 585.

[126] Freeman L. C. Centrality in Social Networks: Conceptual Clarification [J]. Social Networks, 1979 (1): 215 – 239.

[127] Freeman, C. The "National System of Innovation" in historical perspective [J]. Cambridge Journal of Economics, 1995 (1): 5 – 24.

[128] Galaskiewicz, Joseph. Has a network Theory of Organizational Behavior Lived up to Its Promise? [J]. Management and Organization Review, 2007 (1): 1 – 18.

[129] Gilles, Saint – Paul. Technological Choice, Financial Markets and Economic Development [J]. European Economic Review, 1992 (4):

763 – 781.

［130］ Gomez – Gardenes J, Campillo M, Floria L M. Dynamical organization of cooperation in complex topologies ［J］. Physic Review Letters, 2007 (10): 103 – 108.

［131］ Granovetter, M. The strength of weak ties ［J］. American Journal of Sociology, 1973 (78): 1360 – 1380.

［132］ Guan J Y, Wu Z X, Huang Z G. Promotion of cooperation induced by nonlinear attractive effect in spatial prisoner's dilemma game ［J］. Euro physics Letters, 2006 (6): 1214 – 1220.

［133］ Gustav Martinsson. Equity financing and innovation: Is Europe different from the United States? ［J］. Journal of Banking & Finance, 2010 (6): 1215 – 1224.

［134］ Guttman J M. On the evolutionary stability of preferences for reciprocity ［J］. European Journal of Poetical Economy, 2000 (16): 31 – 50.

［135］ Bronwyn H. Hall, "The Financing of Research and Development," Oxford Review of Economic Policy, Oxford University Press, 2002 (1): 35 – 51.

［136］ Harhoff D, Scherer F M, Vopel K. Citations, family size, opposition and the value of patent rights ［J］. Research Policy, 2003 (8): 1343 – 1363.

［137］ H. K. Tang. An Integrative Model of Innovation in Organizations ［J］. Technovation, 1998 (5): 297 – 309.

［138］ Jianwen Liao, Harold Welsch. Social Capital and Entrepreneurial Growth Aspirason: A Comparison of Technology – and non – technology – based Nascent Entrepreurs ［J］. Journal of High Technology Management Research, 2003.

［139］ Kaplan S. N., Stromberg P. Financial Contracting Theory Meets the Real world: An Empirical Analysis of Venture Capital Contracts ［J］. Review of Economic Studies, 2003 (70): 281 – 295.

[140] Kilduff, Martin, Wenpin Tsai and Ralph Hanke. A Paradigm Too Far? A Dynamic Social Network Research Program, Academy of Management Review, 2006 (4): 1031 - 1048.

[141] Kilduff, Martin and Tsai W. Social Networks and Organizations [M]. London: Sage Publications, 2003.

[142] King R, Levine R. Finance, Entrepreneurship and Growth: Theory and Evidence [J]. Journal of Monetary Economics, 1993 (3): 513 - 542.

[143] Kortum S. , Lerner J. Assessing the Contribution of Venture Capital to Innovation [J]. Journal of Economics, 2000 (31): 674 - 692.

[144] Kwon Y. Learning Orientation, Dynamic Capabilities and Performance in Korean High - tech Ventures [J]. Advances in Management, 2013 (6).

[145] Larsson S, MalmbergA. Innovations, competitiveness and local embeddedness [J]. Geografiska Annaler Series B: Human Geography, 1999 (1): 1 - 18.

[146] Laursen K, Salter A. Open for innovation: The role of openness in explaining innovation performance among UK manufacturing firms [J]. Strategic Management Journal, 2006 (2): 131 - 150.

[147] Li L. J. , Hu P. , Zhang, L. Roles, models and development trends of hi - tech industrial development zones in China [J]. International Journal of Technology Management, 2004 (28): 633 - 645.

[148] Lorenzen M. Localized learning and policy. Academic advice on enhancing regional competitiveness through learning [J]. European Planning Studies, 2001 (2): 163 - 185.

[149] Lundvall, B. A. National systems of innovation: Toward a theory of innovation and interactive learning [M]. New York: Anthem Press, 2010.

[150] Metcalfe, J. S. Evolutionary economics and technology policy [J]. Economic Journal, 1994 (4): 931 - 944.

[151] Moshe Sharir, Miri Lerner. Gauging the Success of Social Ventures

Initiated by Individual Social Entrepreneurs [J]. Journal of World Business, 2006.

[152] MiottiL, Sachwald F. Co-operative R&D: Why andwithwhom? An integrated framework of analysis [J]. Research Policy, 2003 (8): 1481-1499.

[153] Mavondo F. T., Chimhanzi J., Stewart J. Learning Orientation and Market Orientation: Relationship with Innovation, Human Resource Practices and Performance [J]. European Journal of Marketing, 2005 (39): 1235-1263.

[154] Nonaka I., Takeuchi H. The Knowledge Creating Company: How Japanese Companies Create the Dynamics of Innovation [M]. New York: Oxford University Press, 1995.

[155] Nahapiet J, and Ghoshal S. "Social Capital, intellectual Capital and the Organizational Advantage", Academy of Management Review, 1998 (2): 242-266.

[156] Nash J. Equilibrium points in n-person games [C]. Proceedings of the National Academy of Sciences of the United States of America, 1950.

[157] Nelson, R R. The coevolution of technology, industrial structure, and supporting institutions [J]. Industrial and Corporate Change, 1994 (1): 47-64.

[158] Nieto M. J. SantamaršaL. The importance of diverse collaborative networks for the novelty of product innovation [J]. Technovation, 2007 (27): 367-377.

[159] Nobeoka K, Dyer J H. Creating and managing a high-performance knowledge-sharing network: the Toyota case [J]. Strategic Management Journal, 2000 (21): 345-367.

[160] Nonaka I, Toyama R, Nagata A. A firm as a knowledge-creating entity: A new perspective on the theory of the firm [J]. Industrial and Corporate Change, 2000 (1): 1-20.

[161] Nowak M A. Five rules for the evolution of cooperation [J]. Science, 2006 (314): 1560 – 1563.

[162] Peter Moran, Sumantra Ghoshal. Markets, firms and the process of economic development [J]. Academy of Management, 1999 (3): 390 – 412.

[163] Rajiv Sethi and Somanathan E. Understanding reciprocity [J]. Jamaal of Economic Behavior & Organization, 2003 (50): 1 – 27.

[164] Rennings K. and C. Rammer. The Impact of Regulation – Driven Environmental Innovation on Innovation Success and Firm Performance [J]. Industry and Innovation, 2011 (3): 255 – 284.

[165] Renato Guseo, Mariangela Guidolin. Cellular Automata with network incubation in information technology diffusion [J]. Physica A, 2010 (389): 2422 – 2433.

[166] Robert A Baron, Gideon D Markman. Beyond Social Capital: the Role of Entrepreneurs' Social Competence in their Financial Success [J]. Journal of Business Venturing, 2003.

[167] Santos F C, Pacheco J M. A new route to the evolution of cooperation [J]. Journal of Evolutionary Biology, 2006 (3): 726 – 733.

[168] Scott, J. Social Network Analysis: A Handbook [M]. London: Sage, 2000.

[169] Shang L H, Li X, Wang X F. Cooperative dynamics of snow drift game on spatial distance – dependent small – world networks [J]. European Physical Journal B, 2006 (3): 369 – 373.

[170] Strogatz, S. H. Exploring complex networks [J]. Nature, 2001 (410): 268 – 276.

[171] Stulz R. M. Finance, Financial Structure, Corporate Finance and Economic Growth [J]. International Review of Finance, 2000 (1): 11 – 38.

[172] Tichy N. M., Tushman M. L., Fombrun C. Social Network Analysis for Organizations [J]. Academy of Management Review, 1979 (4): 507 – 519.

[173] Tomassini M, Luthi L, Giacobini M. Hawks and doves on small-world networks [J]. Physical Review E, 2006 (1): 16-132.

[174] Tykvova T. Venture Capital in Germany and its impact on Innovation [N]. Social Science Research Network Working Paper, 2000.

[175] Uzzi, Brian, Luis Amaral, and Felix Reed-Tsochas. "Small-World Networks and Management Science Research: a Review", European Management Review, Summer, 2007 (4): 77-91.

[176] Wang W X, Ren J, Chen G R. Memory-based snow drift game on networks [J]. Physical Review E, 2006 (5): 56-113.

[177] Wasserman, S. Faust, K. Social Network Analysis: Methods and Applications [M]. New York: Cambridge University Press, 1994.

[178] Weibull J. Evolutionary Game Theory [M]. Cambridge: MIT Press, 1995.

[179] Xiao Z., Tsui A. When Brokers May Not Work: The Cultural Contingency of Social Capital in Chinese High-tech Firms [J]. Administrative Science Quarterly, 2007 (1): 1-31.